Prin Poetry
B.m.R.

CHEGARA

Schwarz & Weiß ist nicht melancholisch, sondern poetisch.

Bibliografische Information der Deutschen
Nationalbibliothek:
Die Deutsche Nationalbibliothek verzeichnet diese
Publikation in der Deutschen Nationalbibliografie;
detaillierte bibliografische Daten sind im Internet über
http://dnb.dnb.de abrufbar.

Korrektorat: BoD – Books on Demand

Herstellung und Verlag: BoD – Books on Demand,
Norderstedt

ISBN: 978-3-7568-3739-7

Eine flüchtige Biographie an dieser Stelle würde der Folgenden ihre Schmerz- und ebenso ihre Sinnhaftigkeit nehmen.

TRIGGERWARNUNG

Drogenkonsum

Emotionaler Missbrauch

Essstörungen

Selbstverletzendes Verhalten

Sexueller Missbrauch

Suizid

Vergewaltigung

W I D M U N G

For myself.
For enjoying the smell of a book.
For the problems.
For the moments.
For all the unsaid words.
For all the endings and beginnings.
For all the pain and love.
For all.
And nothing.

VORWORT

Der letzte Satz: IN EURE GEDÄCHTNISSE LEGE ICH MEINEN GEIST. Und ich danke meiner Pein, denn dies entstand.

KAPITEL DER BEICHTEN

Ich überschreite hier sicherlich die ein oder andere Grenzlinie. Es tut mir leid.

Vorab. Damit sie in Vergessenheit geraten. Gott, vergib mir. Vor allen Dingen: meinen Atheismus.

An dich (schlichtweg, weil du ein Mensch sein musst, um das lesen und begreifen zu können): Obwohl ich dich nicht kennen will, will ich alles über dich wissen, will über dir stehen, dich klarer sehen als du dich selbst. Das ist meine Macht, die mich dazu macht.

Ja, ich habe gelogen. Habe betrogen. In vielen Formen. Mit vielen Facetten (unbekannte Facetten, umhüllt von bekannten Fassaden). Doch verrate nicht, wie oder wen (zumindest nicht in Verbindung), um meinen K-/Podex zu retten.

Ich selbst bin die Spielmacherin. Und ich ziehe meine Strippen; so gut, dass du denkst, DU hast mich dazu gebracht (zum Strippen). Doch wollt ich dich nur verführen, du wirst es dir ersehnen, glauben, mich zu steuern, mich aber am Ende nicht berühren. Ich spiel mein Spiel mit dir, doch am Ende bin ich fort, allein, und spiel nur an mir.

Gott sieht alles. Schau mir ruhig zu, aber komme … entschuldige, erscheine bloß nicht VOR mir.

LETZTES KAPITEL

Ende. Nicht für dich. Nicht für mich. Aber für uns, das, was zwischen uns ist. Zwischen dir und mir. Doch ich bin du und du bist ich. (K)ein Ende in Sicht. Der sechste Satz: ES IST VOLLBRACHT.

Prodesse et delectare.

Snowball effect

Case one: A snowflake falls down,
cold place is there in my brain town;
his hands on me like winter
which one of us is the sinner?
Case two: A little ball,
full of rumours that let me fall,
thought it was too little to fall
slut ball, first cut ball.
Case three: Got nowhere to be;
big rolling bullet,
and all I can see:
more and more snow,
I'm gonna to be the show.
Case four: Where's the door?
What is the avalanche? – Tell me more.
Case five: Now I've realised:
I am the avalanche
and he is
and you are, or might be;
cause we're all snowflakes building a ball,
we're the beginning of it all,
the chaos caused by us.
Little snow soul:
is this really your grow goal?

Der Glaube ist ein von Gott erschaffener Irrtum (wie er selbst auch) zum Beweis menschlichen Versagens und der Demonstration von Macht. Gott selbst ist die Macht und somit jeder, der ihn erschaffen hat. IRRTUM, nicht Christentum, ist Macht. Und ich, ich bin IRRE.

Menschen zweifeln an sich selbst – und glauben an dich. Ich zweifle an mir selbst – UND an dem Glauben.

Wie viele Zweifel müssen da noch sein, um an mich selbst zu glauben?

Wie viel Glauben muss da noch bleiben, um die Selbstzweifel aufrechtzuerhalten?

Nicht GUT das hier. Viel WUT in mir. Zeig MUT zu ihr.

Bruchgabe
Verzweiflung.
Zur Kunst gezwungen und sie mich in die Knie.
Ent-zwei-fel.
Gleich mehrere Teile, immer und nie.
Heilung.
Die Aufgabe wurde zur Aufgabe.
Wenn ich sie lösen soll, so sage mir, wie.
Sage es mir, Verzweiflung.

Ist der Mensch von Gott geschaffen oder ist es doch andersherum?

denken.

Gehirn.

Hirn.

hirnverbrannt.

brainburned.

braindead.

dead.

tot.

O Herr (und o Frau), ich denke mich noch tot.

Ich denke meine Gedanken unbedacht in mich hinein, denn ich bedenke nicht, dass meine Gedanken laut relevant zu sein scheinen. Meine Gedanken bahnen sich einen Weg durch meinen Kopf. Sie schreien still „Denk uns laut", was ich nicht will, ich schalte sie aus mit einem Knopf. Ich versuche nicht daran zu denken, woran ich denken mag, weil ich denken nicht so gerne mag. Doch ich denke ohne Ende und sie binden mir die Hände – meine Gedanken. Ich möchte ihnen danken. Verwirrend? Ja, ich weiß, denn das tut es mich auch. Also verwirren. Weil wirre Gedanken durch meine Synapsen irren, wenn ich schlafen soll, statt Angst zu haben.

14

Was haben alle gegen dich? Du bist ein guter Mensch, M. Einsam, verlassen, aber ich bin doch da. Ich opfere mich auf für dich (auf). O, danke, danke für die Komplimente. Ich fühle mich geschmeichelt, ja wirklich. Kinderseele berührt, Kinder können schöne Brüste haben. Ich liebe dich, mein Kinderherz liebt. Willst du mehr von mir und meiner Liebe? O, wie gut, dass es diesen Raum hier gibt, nur für uns. Ritual. Ängste – sie drücken sie nieder, die Augenli(e)der, die Gesänge der Nacht, die Stimme, so wach, die sie singt. Und es bilden sich Ringe, wie die, wenn man ein Stein ins Wasser wirft (du bist mein Stein), und Wasser wird zu Versinken, zu Ertrinken in einer Nacht voll Angst, nicht schlafen zu können. Und vor dir. Der unsrige Wortschatz ist gigantisch. Ich kenne das Wort seit Jahren. Ich hätte es sagen können, ich war unklug oder auch destruktiv? Ich nehme den Schmerz in Kauf. Vielleicht genieße ich ihn ja irgendwann. Das nenne ich Liebe (oder Abhängigkeit?). Ich habe einen Fehler gemacht, mich schlichtweg vertan. Du bist nicht der Stein. Ich bin der Stein. Du bist das Wasser. Ich stürze mich in dich, du entscheidest über den Rest. Amüsantes Spiel. Im Wasser kann man sich treiben lassen, auf der Oberfläche liegen und sich leicht fühlen. (Kommt etwa daher die Essstörung? Schon erstrebenswert.) Oder man wird brutal in die Tiefe gezogen und stirbt halt. Fakt ist: Worte fesseln die Psyche, Hände fesseln den Körper. Tag für Tag, wie ich bereits erwähnte: Ritual. Ein Doppelleben und außerhalb des Raums nur zwei Bekannte. Ich glaube, jung oder so, schwer einzuschätzen. Sie sieht höchlich jung aus für ihr Alter, das ist heute noch so. Sehr belastend. Ich also – super jung aussehend – schweige brav und liege wach im tiefen Schlaf.

Ich soll Schäfchen zählen, doch sind sie gejagt vom Wolf. Und was sie tun, ist nicht kämpfen oder wenigstens weglaufen, was sie tun ist: Schockstarre. Ich rette es nicht, denn so ist das Leben und der Wolf nebenbei mein Lieblingstier. Lügen, alles Lügen. Ich bin ja gar nicht schön oder sowas. Ich sehe es doch selbst im Spiegel des Raums (und ich weiß, wir sehen gerade dasselbe). Da sind gar keine Brüste, da ist nur Bauch. Aber du sagst es immer wieder. Ich bin so schön! Nein, ich bin hässlich! Schön? Hässlich? Mein Selbstbild vermischt sich mit deinen Komplimenten, ich kann dem Widerspruch nicht mehr standhalten. Ist das ein Oxymoron?

Soldatenfrau

Instrumentalisiert zu werden bedeutet Machtlosigkeit. Und Macht seitens dem, der über dir steht. Der dich, regloses Spielzeug, zu seinem Nutze bewegt. Und dann wirst du – nicht ausgestattet mit Helm und Schwert – das wichtigste Glied einer Spielzeugarmee. Zum Soldaten, den er am meisten begehrt, von all den anderen, die stärker waren als du ohne Wert.

GEDANKENKAPITEL

Wir lesen Worte und wir schreiben sie jetzt. In diesem Moment. Aber es ist ein anderes Jetzt als das jetzige Jetzt. Wir könnten leben oder auch schon tot sein. Absurd, oder?

Wie das eigentlich zeitlich begrenze Wort „jetzt" der Begrenzung entflieht und mich gerade beim Schreiben dich in der Zukunft und dich gerade beim Lesen mich in der Vergangenheit sieht. Das mit der Zeit ist grotesk, nicht wahr? Und generell die Zeit. Wir fühlen uns so wichtig mit unserer Geschichte und schreiben und wollen wichtig sein. Doch sind wir bloß lauter kleine, unwichtige Wirtfiguren in Anbetracht der Unendlichkeit der Zeit. Was sind wir schon? Warum müssen wir leben? Was bringt es uns und unseren Mitmenschen? Warum halten wir so sehr aneinander fest, wenn wir doch winzig kleine Teile von winzig kleinen Abschnitten sind, die vor uns egal waren und irgendwann nach uns wieder egal sein werden? Ich verstehe das nicht – die Verpflichtung zu leben.

Atheistin mit Überzeugung. Glaube nicht an Gott. Aber sage immer, falls es so etwas wie einen Gott fürwahr geben sollte, wäre er stolz auf mich, dass ich dazu stehe, nicht an ihn zu glauben. Dass ich nicht andere und mich selbst belüge in Bezug auf ihn. Denn das, was Menschen angeblich für dich tun, das macht es mir noch schwerer, an den Sinn des Lebens zu glauben. O, Herr, wenn du es mir befiehlst, töte ich für dich, ohne am Ende auch nur eines dieser Gesichter gekannt zu haben und was dahintersteckt. Irgendwann wird alles egal, wenn man realisiert, dass die Welt nun mal so ist. Und ich selbst frage mich, warum ich dann genau jetzt leben muss, wo ich sowieso irgendwann sterbe und damit trauernde Menschen zurücklasse, wo doch alle Menschen sterben und es immer neue, grauenhafte Menschen geben wird – schlimm genug. Lass mich deine Rächerin sein. An mir selbst. Lass mich mein eigenes Blut vergießen, für meine Sünden, denn mein Gesicht ist mir fremd genug.

Dieser Satz ergibt keinen Sinn.

Und es gibt keine guten Menschen. Schlechte auch nicht, jeder hat beides in sich, manchmal überwiegt das eine, manchmal das andere. Bizarr. Manchmal weiß, manchmal schwarz, nicht wahr? Das ergibt doch Sinn.

Nichts ergibt Sinn.

ME, MYSELF AND (KAP)I(TEL)

Ich liebe mich selbst. Aber diese Liebe beruht nicht auf Gegenseitigkeit. Es wäre schön, auch von mir zurückgeliebt zu werden.

Hochmut kommt vor dem Fall. Ist Hochmut demnach der Sprung? Der Mutige. Aus der Höhe. Und was kommt dann nach dem Fall? Tiefangst? Tiefe Angst. Muss fallen, um mich zu erheben. Muss gefallen, nicht dir, nicht jedem. Muss vergeben, um uns zu erleben. Muss mich ergeben, nicht dir, nicht jedem. Erst Hochmut, dann Fall, dann Angst und Ergebung. Ich gebe mich hin dem Tode. Wie leicht, vielleicht. Welch eine betrügerische Liebe, welch eine verführerische Lüge. Denn ich lebe noch. Nicht mehr als zuvor, aber auch nicht weniger. Ich bin unfassbar. Sie können es nicht fassen und auch nicht mich. Gott, ich fasse es nicht. Ich gleite ihnen aus der Hand und mein Leben aus meiner. Ent-Gleit-Mittel. Ein Mittel zum Zweck. Vertusche den Dreck, Getuschel, wie nett. Wie nett diese Nettigkeiten doch sind, erst die Nette, dann die Nutte, aber was soll ich tun, wenn ich es jedem recht machen will und jeder recht haben will mit dem Bild über mich? Alle pinseln und pinseln wild umher, Stile vermischen sich, doch egal, wie absurd, egal, wie unästhetisch, wie wahllos und voll. Nennen wir es Kunst, ihr seid alle besessene Künstler. Jeder Mensch ist süchtig nach etwas. Manche nach ein paar Dingen, manche nach ein paar mehr. Aber Sucht ist immer noch besser als Besessenheit. Deshalb nehme ich eben Drogen und das Anrecht, allem zu entfliehen, und ihr urteilt deshalb über mich. Deshalb ziehe ich eine Line und ihr einen weiteren Pinselstrich meiner gescheiterten

Existenz. Ist mein Bild so schlecht, weil ich es bin, oder bin ich so schlecht, weil ich genau vor diesem zu fliehen versuche oder ihm gar gerecht werde, gerade durch diesen Versuch? Wohl möglich zu spät gewesen; das Schauspiel verpasst, in ein Drama gedrängt, all die Klugheit verschenkt. Das Drama selbst sich mir aufgedrängt, in den Kopf gezwängt. Diese Sprache nie gesprochen, obzwar, trotz Abneigung immer eine gewisse Faszination verspürt. Zu spät gewesen, um zu begreifen. In die Leere greifend. Ich habe mich verloren in einem Stück, welches nicht mir gewidmet.

Doch kann man Wölfe nicht zählen oder gar zähmen. Ich ruhe nicht. Die Wölfe sind wie Gedanken in meinem Kopf und wie er und das Schaf, was ich nicht sein will. Eigentlich ist er sowieso das, was ich nicht sein will, wer auch immer er sein mag. Denn sie ist nicht schön und nicht klug. Sie ist die Maske. Imperfekt ist bloß der Mensch und sein Schaffen. So entspricht er nicht mal mehr der Ästhetik der Hässlichkeit (innen). Doch sie tragen Masken, um sich doch noch mit Ästhetik zu zieren (schön, diese lachenden Trümmer). Doch ist nicht alles Kunst? Wir Menschen sind bloß entweder das, was davor war, oder das, was danach ist. Abgeschnittenes Ohr. Der MENSCH. Und sind wir es, die die Kunst machen, oder macht die Kunst uns? Wer oder was war zuerst da? Es gibt keine Worte, die grausam sind. Keine Kunst, die grausam ist. Grausam ist es, dies überhaupt erschaffen zu müssen. Denn irgendwo muss das herkommen, der Betrug. Sie ist nicht Wolf im Schafsfell, sondern Schaf im Wolfsfell, was dazu führt, dass sie sich selbst fressen will.

Oder erschießen.

Um zu schlafen, ohne die Li(e)der und ohne die Ringlein, mehr so für immer und ohne ANGST. Nicht als er oder sie oder es – nur Schlaf. Doch die Schüsse sind laut und der Schall in den Nächten, in denen es geschah.

> Er bleibt.
> Er bleibt.
> Er bleibt.
> Das *Er* verweilt.

21

Denn einst waren deine Finger die Angst, die mich niederdrückt (weil meine Gedanken bloß deine Worte waren und Manipulation) (und weil deine Taten nun mein Schweigen sind und Ekel). Denn einst waren deine Finger die Angst, die mich niederdrückt, und nun ist es mein Finger, der die Knarre drückt. Bist laut und auch ihr, doch weckt mich nicht, wenn ich schlaf, denn dort bin ich sicher vorm „Schützen" vom Schaf. Und vielleicht, vielleicht setze ich mich bald endlich zur Wehr. Doch es bleibt alles ohne Gew(ä/e)hr.

Du – mit deinen strahlenden grünen Augen. Du – mit deiner warmen, schönen Stimme. Du – mit deinen sanften, schützenden Händen. Du – ich hab dich mal ... gemocht. Du mit deinen Augen, die zu starren wurden, die mich bloß mit Gier ansahen und nie mit Liebe. Du mit deiner Stimme, dessen Worte mich so fesselten, dass ich psychisch von dir abhängig wurde. Du mit deinen Händen, die meine Haut beschmutzten und dessen Berührungen Schmerz waren. Du – ich hab dich mal gemocht, aber jetzt sieht das anders aus. Was du sagtest, hielt mir den Kopf über Wasser und ließ mich voller Leichtigkeit auf der Oberfläche liegen. Doch deine Hände zogen mich in die Tiefe, drückten meinen Kopf hinein und verwehrten meinen Lungen den Sauerstoff. Doch kurz vorm Sterben hast du mich immer wieder hochgezogen, und meinem Retter dankend warf ich mich um deinen Hals und ließ das Procedere erneut geschehen, weil deine Worte meine Psyche fesselten und deine Hände meinen Körper. Und das war Missbrauch. Du – ich hab dich mal gemocht, aber jetzt bist du Täter. Wenn ich über dich rede, nenne ich dich nur „M", denn ich kann nicht mal deinen Namen aussprechen, ohne dich zu sehen. Ich sehe dich und ich spüre dich und das, was du länger als ein Jahr mit mir getan hast. Und das war Missbrauch. Doch das Gefühl, dass deine Augen meinen nackten Körper anstarren und deine Hände meine Haut berühren, werde ich nicht los. Damit stehe ich jeden Tag auf und schlafe jede Nacht ein.

Und das war Missbrauch. War es das? War es das, obwohl ich missbraucht werden wollte?

Be-nötigung
Ich brauche dich, missbrauche mich.

Sehenswürdige Blinde

Es ist Nacht.
Ich bin eins mit ihr,
wir verschmelzen zu einer einzigen Dunkelheit.
Mein Inneres fühlt sich geborgen,
nicht mehr geblendet vom grellen Licht.
Verschlungen sind die Farben,
die einst in mir strahlten.
Verschlungen ist meine Seele, die einst in mir lebte.
Ich bin leer – ein Nichts inmitten der Schwärze.
Und wenn es nicht so dunkel wär,
gäbe ich der Nacht meine Worte,
denn vielleicht liegt auch sie wach
und braucht etwas zu lesen.

Das ist: Innerer Krieg. Kapitulation: Unmöglich, dem Suizid gleichzusetzen, und dafür ist der Krieg nicht dramatisch genug. Also bleibt die Angst, die mich bombardiert, durchlöchert. Ich bin: Kriegsgefangene. Gefoltert von den Stimmen und ihren Taten. Wer sind sie bloß? Jedes Licht Betrug, welches mich nicht an mein Bett fesselt. So scheint es. Es scheint (so). Erst die Dunkelheit fesselt zahlreiche Körper an Betten. Depression ist, wenn auch das Licht es tut.

Wieso sagt nichts so wenig, aber gleichermaßen so viel aus wie: Weiß. Stille. Leere. Und wieso ist es so verwirrend, Punkte hinter Fragen zu setzen.

Dead without dying
I call it diepression.
Because we die under pressure.

Wenn ich liege, komm ich nicht mehr hoch. Wenn ich stehe, zieht es mich runter.

KAPITEL DAZWISCHEN

Ihr habt sie gesehen, nicht wahr? Diese Existenz ist beschämend. Sie und meine nackte Haut. Museumsobjekt. Immerhin ohne Eintritt und ergo auch keine Prostituierte (nett und professionell ausgedrückt, nicht wie er es tat). Mittlerweile gar nicht mehr so abwegig. Indessen: Auch euch hatten diese Ereignisse geprägt. Uns zwar zusammengeschmiedet, ein unfreiwilliger Bund, für den ich heute dankbar bin, aber auch Unsicherheiten geschürt. Habt ihr je ein Mädchen berührt? Ohne aber daran zu denken, ohne Bedenken, sie wollte es nicht und käme bloß nach einer vermeintlich weiblichen Pflicht? Habt ihr Angst, sie würde ein Nein verschweigen oder ihr würdet es überhören und ein hilfloses Opfer betören? Ich möchte mich entschuldigen, falls es jemals so war oder so sein wird. Denn wir waren jung und das viel zu sehr. Heute aber sind wir so viel mehr.

Laufen, ohne Schritte zu setzen. Ins Wasser. Ertrinken, obwohl man physisch atmet. Und dann: eine Hand. Die schnellste Liebe der Welt. Nur eine Hand, eine kleiner Funken Hoffnung und alle Gefühle in seine Richtung. Bloß keine Enttäuschung zulassen. Vielleicht war es lediglich der falsche Zeitpunkt für uns. Wie es ist, ein Ritual plötzlich zu beenden? Ich wusste nicht, dass ich es brauchte, so sehr. Man hatte der Marionette die Fäden abgeschnitten, die sie steuerten. Plötzlich allein laufen können? Versucht, für dich. Bin gestolpert, gefallen, du warst meine Krücken. Kein Schweben mehr an Fäden. Mit beiden Beinen auf dem Boden stehen, zwar wackelig, aber stehend. So schnell wie möglich geradeaus gehen, weit weg von den Fäden, weit weg vom

Ritual, weil es nur ein Ausrutscher war. Es funktionierte. Wir liefen zusammen und ich war so verliebt, warst du es auch? Zwischendurch Herzversagen. Zu beschmutzt für ihn. Zu zerrissen, zu zerstörerisch. Oberteil landet auf dem Boden, der Rest bleibt an. Scham für meinen Körper und drückte ihn so schnell auf deinen, dass er nicht deine Blicke auf sich zog. Wir lagen da und küssten uns, weitere zwei Stunden. Eindeutig zu viel und es war seltsam. Aufregend und kommunikationslos. Adrenalin pur. Hormone pur. Ich war so süchtig nach dir. Danach: ein Abenteuer, vielmehr ein Einkauf. Mit der Bahn. Wir beide gegen den Rest der Welt, wir beide in dem Abenteuer unseres Lebens. Mein Gott, war ich infantil. Mittelpunkt der Welt, die Sonne*, um die sich alles dreht. Aber auch die Sonne* ist endlich, auch wenn man sich das niemals vorstellen könnte. Tagesration: ein Apfel. Hörst du diesen Schrei nicht? Warst du überfordert mit mir? Gefühlsausbrüche, Verhaltensstörungen. Liebe kann kurzweilig sein. Rückblickend ist Liebe manchmal ein anderes Wort. Wir waren zu jung für dieses Wort. Drei Monate. Und es war vorbei. Der Grund? Auf den ersten Blick banal, auf den zweiten viel tiefgreifender.

Wie er mich sah. Immer und immer wieder ansah. Und ich begann, mich selbst anzusehen. Kritischer Blick. Meine Augen der Strick. Mein Körper zu dick, zu dick, zu dick. Dysmorphophobie.

Zu viel
Zu viel Selbsthass.
Zu wenig Selbstkontrolle.
Zu viel Fremdgaff.
Zu viel qualvolle
Blicke in den Spiegel.
Und ich weiß nicht, wohin,
wenn ich mich selbst nicht mehr ertrage.
Weiß nicht, wohin,
wenn ich mich in meinem Körper plage.
Ich bin instabil
mit fragilem Ziel.
Zu viel, zu wenig.
Zu viel, zu viel.

Nicht krank. Viel zu viel dafür. Zu viel zu viel eben. Lügt mich nicht an, aber sagt es mir trotzdem, ich will es hören, es ist so schön, denn es is(s)t (es) nicht. Man sagt ja: „Weniger ist mehr." Und da ist was dran. Je weniger der Körper wurde, desto mehr wurde er (in meinem Kopf).

Es gibt Gebote, ja, auch hier gibt es sie und ich werde mich fromm daran halten und danach richten; oder sie mich.

1. Gebot: Übergieße deinen Körper mit Zwangsbädern, abwechselnd aus Eis und Feuer.
2. Gebot: Belohne dich für den Verzicht.
3. Gebot: Trage nie Verzehrbares bei dir oder Mittel zu dessen Beschaffung.
4. Gebot: Trinke schwarzen Tee zur Abendstunde.
5. Gebot: Nutze Gewürze, besonders Schärfe.
6. Gebot: Signalisiere deinem Körper mit Pfefferminze nach jedem kleinen Bissen, dass das Speisen nun beendet ist.
7. Gebot: Stelle dir Bedingungen. Faulheit darf nicht mit Mahlzeiten belohnt werden.
8. Gebot: Drehe dich, dreh dich im Kreise, bis dir speiübel ist.
9. Gebot: Routine. Nach jedem Bissen ein Schluck Wasser.
10. Gebot: Nimm immer einen Löffel Apfelessig vor dem Speisen zu dir und spüle mit Wasser nach.
11. Gebot: Lutsche Eiswürfel, sie verbrennen vierzig Kalorien.
12. Gebot: Trinke zu jeder vollen Stunde ein Glas eiskaltes Wasser. Dieses macht voll und verbrennt bei fünfhundert Millilitern achtzehn Kalorien. Der fünfte Satz: DOCH MICH DÜRSTET NICHT.
13. Gebot: Speise immer konzentriert und ohne Ablenkungen.
14. Gebot: Kälte ist gut für dich. Friere und zittere.
15. Gebot: Sitze gerade! Das verbrennt zehn Prozent mehr Kalorien.
16. Gebot: Iss nichts, was größer ist als deine Handfläche.

17. Gebot: Vanillegeruch stoppt den Hunger auf Süßes. Stelle etwas Vanilleöl über eine Kerze, damit sich der Hunger stoppende Geruch verteilt.
18. Gebot: Ab sechzehn Uhr nichts mehr verzehren.
19. Gebot: Nicht ruhen! Am Tag werden bis zu zwanzig Prozent mehr Kalorien verbrannt, bei ganz egal welcher Art von Bewegung (Fingerschnippen, mit dem Bein wippen).
20. Gebot: Kaue alles, bis es matschig und nicht mehr fest ist. Das hilft auch bei der Verdauung.

Aus heutiger Sicht. Beschämend, so unbedarft gewesen zu sein. So Pro-Ana. Überhaupt der Glaube, „Ana" sei wer, eine Vertraute, eine helfende Hand. Höchlich peinsam das ganze Sich-Aufspielen. Das ganze Drumherum.

Was bleibt, sind nur das Selbstbild und der Wunsch. Was verschwand, sind die Disziplin und die Verbissenheit, nichts zum Beißen zu benötigen.

Doch genau das, was blieb, ist die Essstörung; das, was verschwand, bloß ein Symptom dessen, bloß essgestörtes Verhalten.

KAPITEL 4.2

Es ist genau so, wie es damals war. Du bist genau so, wie er es war. Nett, süß, liebevoll. Doch das ist dein Plan, deine Masche. Seine, deine. Und diese Maschen legst du um mich, strickst sie um meinen Körper herum. Es entsteht ein Pullover – warm und weich. Aber dann, dann dringst du mit in den Pullover ein und es wird eng und nah und schmerzvoll. Mit jeder Berührung wirst du größer und schwerer und nimmst mir meinen Platz im weichen Pullover. Ich ersticke unter all der Wolle, dessen Fäden nun wie Schlingen wirken. Bis der Pullover platzt und ich flüchten kann. In die Kälte. Ohne Pullover. Ohne Wärme. Nackt. Eine kleine Narkose, um den Eingriff in meinen Körper weniger schmerzvoll (für meine Seele, woran ich gar nicht glaube, aber ein besseres Wort fällt mir nicht ein) zu gestalten. Die Narkose spritzen? So schlimm ist es auch wieder nicht, ich will ja auch etwas davon haben. Heute mal nur eine leichte Narkose, kein Weiß, kein Neon. Blau, wie das Wasser (ist es nicht, aber es wird nun mal so dargestellt), und grün, wie die Blätter (das „wie die" hätte ich mir sparen können, denn es ist ja schließlich so). Alle blau und grün so unverblümt. Doch ich brauche diese Dinge nicht zum kurzweiligen, naiven Glück. Ich will blau und grün sein innen UND außen. Rachenputzer, Lungenverschmutzer – ich will sie nicht zum „Glück". Immerhin begreife ICH, dass es so ist (oder eben NICHT). Die Wahrheit. Mein Bewusstsein ist klarer denn je, Ziel verfehlt. Mein Ziel und du auch dein Ziel (welches mein zweites ist, wie ich aber ja bereits erwähnte, innen UND außen). Lass uns beide nochmal zuschlagen. Nun der

Eingriff. Alles so betäubt, und dennoch weiß mein Inneres, dass meine Erinnerungen schmerzen, und ich weiß, dass ich diesen Schmerz genieße, denn er ist da und wird verweilen, aber er macht gerade Spaß, so berauscht. Lausche mir, wie ich stöhne, drücke mich hinunter, schau mich an, so intensiv, dass deine Blicke Panik-Adrenalin in mir ausschütten. Schnüre mir die Luft ab, tu mir weh. TU MIR WEH!

„The more you love, the more you suffer."
Vincent van Gogh

Ich liebe dich (das denke ich), also bitte verlass mich nicht, o, hass ich dich! Du bist meine Dunkelheit, du bist mein Licht, und zum Leben brauch ich dich. Gefangen in hoffnungsloser Hoffnung, am Leben gehalten von falschen Versprechungen, die mich am Leben halten und mir Glücklichsein vorhersagen. Ich klammere mich an sie, an dich, mein Held, der mich erstickt, der mich hält und küsst und in die Arme nimmt. Und wenn ich gesund wäre, machte das alles hier keinen Sinn. Denn alles baut darauf und alles projiziere ich auf dich. Und ich drohe dir, wenn dein Verlassen mir droht, und ich drehe die Fakten, erpresse mit Rot, mit Blut und Schnitten in meiner Haut, so manipulativ, so vertraut. Und jetzt, lass uns streiten! Ich will deine Liebe spüren und meinen Hass und unseren Kampf. Ich will siegen, triumphieren, will, dass du mir schreibst, dann kann ich dich ignorieren. Alles ein Spiel und ich setzte alles darauf, dass du zurückkommst zu mir. Ich kann nicht verlieren. Am Ende wirst du mich lieben, selbst wenn wir vorher streiten und zwischendurch schweigen.

32

Das Sterbenswort

Wir reden kein Sterbenswort.

Aber wenn wir es täten, welches wäre es dann?

Ich gehe stumpf nach vorn, mein Blick trifft die Leere meine Beine bewegen sich von selbst ich habe keine Kontrolle ich habe keine Steuerung ich weiß nicht mal wer ich bin ob ich bin. Was ist das für ein Zustand, was definiert ein menschliches Wesen, ich gerade ganz sicher nicht, ich weiß nicht mal ob ich mich ich nennen kann, ich merke dass ich atme aber ich merke nicht wie Luft durch meine Lunge strömt und ich merke nicht wie ich vorankomme weil es sich anfühlt als würde ich auf der Stelle laufen, das um mich herum was sonst so vertraut wirkt fühlt sich falsch an aber eigentlich ist es richtig es ist alles richtig aber ich darin bin falsch, falls ich mich überhaupt als ich bezeichnen kann, gerade ist nichts von Wert gerade gibt es keine menschlichen Gefühle keine Schmerzen kein Lachen keine Träne meine Mundwinkel können sich nicht mehr bewegen meine Hände können sich nicht bewegen irgendwas bewegt sich irgendwas läuft voran weil es muss weil es wegläuft oder weil es etwas sucht, aber es wirkt alles so sinnlos obwohl alles okay ist, hier ist alles okay warum bin ich es nicht mehr, warum weiß ich nicht ob ich ein ich bin, es soll aufhören, glaube ich zumindest denn ich weiß nicht mal ich habe das Gefühl nicht denken zu können, Wörter sind auf einmal so komplex viel zu komplex für dieses ich, dieses ich ist viel zu klein und viel zu verloren und viel zu fremdgesteuert, dieses Dasein ist kein menschliches, was ist das?

Was ist das?

Was ist das, was mich frisst?
Was ist das, dieses Ist, dieses Sein?
Dieses gefressen alleine sein?
Wer hört sie mich auffressen,
die laut schmatzende Stille?
Ganz still geworden der einst laute Wille.
Was ist das, was mir sagt,
ich habe versagt?
Und nur die Entsagung meiner selbst
nimmt es mit,
dieses Ist, dieses Sein.
Ich habe es nicht gewagt,
da war kein Halt, da war kein Nein,
erstickender Halt, statt einsam sein.
Und dieses Ist, dieses Sein
war bloß mein Körper, nicht meiner allein.
War bloß eine Hand, bloß ein Kuss,
bloß ein Stoß.
Doch was ist da noch?
Wenn nichts mehr von mir übrig ist?
Wenn es mich als Ganzes frisst?
Mich ersetzt,
mich zersetzt
und zu etwas Neuem zusammenbaut:
$C_{11}H_{15}NO_2$.
Was ist das, dieses Ist, dieses Sein?
Es ist Pein.

Ich habe nicht mal Angst davor obwohl ich es nicht
begreifen kann und normalerweise machen unbegreifliche

Dinge Angst, doch ich habe keine Angst, ich habe gar nichts, Leere, alles in mir fühlt sich so verdammt leer an und so falsch so unwirklich, selbst mein Text ist wirr, ich verstehe selbst nicht was ich hier rede, es passiert einfach, aber viel langsamer als normalerweise und viel eintöniger und viel sinnloser ich rede und rede einfach weiter weil ich nicht weiß was ich sonst machen soll ich weiß überhaupt nicht was ich hier mache ich rede einfach und rede und will irgendwie nicht aufhören aber ich weiß nicht mal warum, es passiert einfach und ich weiß nicht ob es ein Ende gibt und wo dieses Ende ist, was ist wenn ich einfach immer weiterrede immer und immer und immer und immer und immer und immer und immer und immer weiter, was ist dann, nichts hier sagt mir dass ich aufhören soll obwohl das hier alles keinen Sinn ergibt – doch – nein also es gibt mir keinen Sinn das ist es nicht aber doch es gibt ein Ende weil mir die Wörter aus sind ich habe nichts mehr zu sagen deswegen verliere ich jetzt das kleines bisschen Ich was ich bis gerade noch hatte, ich verabschiede mich von Ich und bin nur noch …(?)

Heartless love, painful lust
I found myself in a bubble
Surrounded by trouble
And I wasn't okay
I was about to throw me away
The blade was my friend
And I saw the end
Forever and never
Alive again
But I met you that day
And I fell for you

We decided to play

We're motherfucking hell girls (666)
Sad and empty
She was 19
I was 20
Burning roses at the balcony (at night)
Give me some love, give me the white
Bleeding noses, bleedings hearts
Love is the night-sky, our demons the stars
Skin with tattoos, skin with scars
Dreams got broken when I left you
Words unspoken when they had to (Game over)

Heartless love, painful lust
I won't cut myself
I will cut you off
I will cut you off!

I was laying in the casket
And lying to myself
Because I thought it was okay
That my life runs away
I thought my youth was over
And that I'm sober
Forever and never
Young again
But I met you once more
And I fell for you Harder than before

But I am so lost

And never good enough
Neither for you
And nor for myself
Or someone else
But I am so lost
And never brave enough
To accept that my heart is cold
And that we're never getting old
Together

Heartless love, painful lust
I won't cut myself
I will cut you off
I will cut you off!

We're motherfucking gay girls (kiss kiss kiss)
Sad and lonely
You're the one and
I'm the only
Smoking cigarettes at the balcony (at night)
Our future is dark, but we together are bright
Addicted bodies, addicted lungs
Sex as rebellion, ritual of tongues
Skin without clothes, skin without fear
The world is sinking
(But you are here)

Heartless love, painful lust
I won't cut myself
I will cut you off

I will cut you off!

But I am so lost
And never good enough
Neither for you
And nor for myself
Or someone else
But I am so lost
And never brave enough
To end it all
I'm just a heartless doll
So I'll end it all
I'll end it all

Doch bis dahin werde ich sündigen und eine Liaison eingegangen sein. Denn ich werde Chemie gefunden haben, die nicht aus einem Tütchen kommt. Ich werde auch mit dieser Chemie nicht klar denken und sehen können. Aber klar fühlen. Das ist der Unterschied.

KAPITEL 4.1

Auch vor dir habe ich geliebt. Ich muss geliebt haben, denn keine Liebe gibt es nicht.

Wo landen wir?
Wo landen wir, wenn wir uns im Kreise drehen?
Immer auf der Stelle stehen,
nach hinten und nicht nach vorne sehen.
Wo landen wir, wenn wir nicht weitergehen?
Doch wo landen wir,
wenn wir all das ändern?
Uns verändern?
Wenn wir nach vorne sehen.
Gemeinsam in eine Richtung gehen,
aber dennoch auf eigenen Beinen
(du auf deinen, ich auf meinen).
Egal, wo wir landen,
an welchem Ort, über welchem Weg.
Egal, wo wir landen,
du bist in meinem Herzen gelandet
und der Ort wird zuhause sein.
Wo landen wir, wenn wir uns lieben?

O du, mein Retter in Not, bewahrst mich vorm Sterben, vorm einsamen Tod. O du, mein Retter in Not, färbst nicht bloß die Augengläser, färbst alles rosarot. Du gibst mir deine Hand, nimmst mich in den Arm, bist so voll Liebe, bist so warm. Du bist meine Hoffnung, und meine Hoffnung setzte ich in dich, bitte heile mich. Sei für mich da, zeige

Verständnis, sei mir ganz nah, doch ohne Bedrängnis. Mach, dass ich aufhöre, mir wehzutun, mach, dass es aufhört, mir wehzutun. Ich gebe dir alles, wenn du mir bloß Liebe gibst und mich mit ihr heilst. Aber was ist das? Chegara mischt sich ein. Und aus rosarot wird schwarz und weiß. Du bist alles für mich. Kannst alles errichten, kannst alles zerstören, kannst mich richten, mich erhören. Du bist das Licht, du bist die Dunkelheit. Kann dich idealisieren, kann dich entwerten, will mich unterwerfen, will dich beherrschen. Aber ich verstehe noch nicht, was das bedeutet, wer ich bin und was das mit mir macht. Also vergib mir. Für all meinen Schmerz, der auch zu deinem wurde, dich in Dunkelheit tauchte, in der du ertrankst.

(NICHT) BEENDETES KAPITEL

Der vierte Satz: MEIN GOTT, MEIN GOTT, WARUM HAST DU MICH NICHT GELASSEN? Wir denken, alles zu kennen, weil wir alles benennen. Doch was, wenn wir alles verbrennen? Dann werden es andere anders nennen und nichts ergibt noch Sinn. Sie sterben danach. Aber erst danach. Sie leben danach. Aber erst danach. Ich bin eine Ungläubige. Also eher davor, aber nie währenddessen. Ich bin ja nicht irre.

Schenkt es einem Menschen an Wert, wenn dieser dem Tod nahesteht? Bekanntlich ist Zeit doch Geld. Ist diese Jugend sonach suizidal? Sich mit Schlaftabletten zu suizidieren ist sicherlich so begehrt, da Schlaf der – im Bilde des Menschen – (…) des Menschen ist; so wäre das Wort doch eine Übertreibung, bloß Natur.

Ganz gleich, ob Fantasie oder Erinnerung. Es ist Denken. Es ist Flucht. Es ist Kopf, der Körper fesselt, verführt, erschüttert. Sind nun auch Eindrücke Flucht oder gar die Tür zum Gehirn? Die Frage ist nicht, wie das Leben bestmöglich zu leben, sondern zu projizieren gilt. ZEIG DICH. Vielleicht ist das Leben kein Geschenk. Aber auch keine Strafe. Bis zu dem Zeitpunkt, an dem wir es bemerken. Und dann ist das lebenslang. Meistens vergessen wir ihn. Kommt er ebendaher immer wieder, um uns an seine Existenz zu erinnern? Ich meine den psychischen, nicht den physischen. Obwohl? Das Innen weiß schon von der Zerstörung, bevor das Außen es tut, und wenn alles Außen sich zusammentut, um alles Innen (oder auch die lebenswichtigen Organe) zu schützen, dann ist Zerstörung bereits geschehen und wir sind wieder allein –

das Innere hat uns gewarnt (was, wenn es keine Organe sind?).

Heute habe ich ihn nicht vergessen. Und wollte nicht mehr schützen; endgültige Flucht, endgültige Natur. ENDgültig. Aber zu jung, zu dumm. Zum Glück? Der Wald – ein friedlicher Ort. Ich erinnere mich an nichts weiter. Aber bin wieder aufgewacht. Bin am Leben.

> „Probleme fürs Leben zu groß, fürs Sterben zu klein."
> *Das Grizzly Lied, Casper, 2011*

Du hast mal gesagt, es hat ein Engel über mich gewacht. Wünschte, das wärst du. Oder, noch besser, keiner. Dann wär ich nun auch keiner mehr. Nicht Engel, sondern allgemein. Gott, es war zu früh für uns, welch ein tragischer Fehlversuch dieser Besuch bei dir. Und deshalb müssen manche Geschichten nicht mittendrin enden.

LEERES KAPITEL

Ich.

KAPITEL 4.3

Anders ausgemalt. Dramatischer und mehr, wie eine Violation eben. Stattdessen: Der Alkohol in den Schubladen geblieben, mit dem er mich hätte betrunken und wehrlos machen sollen, und auch das Gras gut verschlossen in einer Plastiktüte. Konnte ihm also keine Schuld zuweisen. Er war sogar lieb, verdammt lieb, und bemühte sich wahnsinnig, nichts zu tun, was ich nicht wollte. Ein Handgriff: Roter BH entblößt, entfernt, darunter entblößt. Küsse auf nackte Haut. Sich einen Weg bahnen, einen Weg der Haut, bis hin zu Lippen. Die Illusion, er würde Rast machen und sich zufriedengeben. Im nächsten Moment verlief sein Weg geradeaus runter zwischen meine Beine. Hose runter, meinen Körper gedreht. Feste Griffe. Der Kommentar über meinen roten Tanga versuchte mir einzureden, dass ich ihn ja scheinbar weidlich geil habe machen wollen. Vorsätzlich und von Beginn an. Habe ich das? Wer weiß das schon? Erneutes Umdrehen. Körper auf Körper gepresst. Er war schwer und ich atmete so flach, dass ich mich schon ohnmächtig fühlte. Das erste Mal in meinem Leben wollte ich mich auch schwer fühlen, schwer und mächtig, doch das erste Mal in meinem Leben kam ich mir leicht vor. Aber es wehte kein Wind, der mich hätte wegtragen können. Da war nur das Hauchen meiner selbst.

Das Vorspiel überspringen, schon kommen, bevor sie es tun. Vorspiel(en). Es muss schnell gehen. Und intensiv sein, sodass keine Zeit bleibt für sie. Schnell und intensiv. Kurz davor, mit den Fingern den Himmel zu durchbrechen. Ein Hauchen, ein Stöhnen, es zieht mich nach oben, und obgleich es sich nicht so anfühlt; es ist aus eigener Kraft. Durchbrochen. Wieder gefallen (und dir gefallen und dir tun einen Gefallen), bevor ich mich an den Einzelteilen schneiden konnte. Allein ist es mehr ein Atemzug, aber es ist meine Kontrolle und ich ziehe es (zumindest meistens) der enormeren Anstrengung (dabei ist die Vorbereitung, sie ist nicht außer Acht zu lassen!) und des Zweisamseins (o, eine geringe Nachbereitung gibt es ebenfalls!) vor. Dass Sex etwas mit Liebe gemein haben könne, war pure Fi(c)ktion. Sex ist meine Destruktion. So tief in mir, wie keine Klinge es nimmer sein könnte. Das ist der wahre Schmerz, an dem ich mich ergötze.

Fiktional-ehrliches Aneinander-vorbei-Gerede

»Guten Morgen, hast du gut geschlafen, Liebster?«

»Du schläfst ja nicht mit mir, was bleibt mir übrig?«

»Aber mir geht es doch nicht gut, weißt du, ich fühle ihn noch.«

»Du fühlst dich nicht gut? Komm in meine Arme.«

»Ich will nicht, lass mich in Ruhe.«

»Ich brauche aber doch auch Nähe, immer geht es nur um dich.«

»Ich mag gerade keinen Sex.«

»Und ich schaue zu viele Pornos und masturbiere gegen Einsamkeit.«

»Aber du hast doch mich, du bist nicht einsam.«

»Und du hast doch mich, du bist nicht asexuell.«

»Ich bin auch bisexuell.«

»Du willst doch nur Sex mit Frauen haben!«

»Du willst doch nur Sex haben.«

Welch eine Hassliebe, so intensiv, SO INTENTIV! Für immer versus Hoffnungslosigkeit. Angst versus Sicherheit. Freude versus Wut. Ich versus du. Oder ich versus ich. Auch die intensivste Liebe verfällt dem Alltagstrott, der Stagnation. Wir stagnieren in einem ewigen Versus. Kein Vor, kein Zurück. Bloß ein ewiges Im-Kreise-Drehen um Liebe und Hass und Liebe und Hass und Liebe und Hass. Und dabei sitzen wir lediglich rum, stopfen uns die Mäuler voll, können nicht mal in einem Bett schlafen. Stagnativ und doch intensiv. Wie naiv.

»Du, sag mal, ist irgendetwas vorgefallen, was ich
wissen müsste, meine Liebe? Mein Bauchgefühl
lässt mich nicht in Ruhe.«

»Es ist alles gut.«

»Ich vermiss dich schon sehr.«

»Wieso?«

»Weil du nicht da bist, ganz einfach.«

»Ach so, okay.«

»Es ist zwar eine sehr anstrengende Zeit, aber du
bist ein Teil davon und darfst nicht fehlen, und
du entfernst dich von mir, und das mag ich nicht.
Ist auch schwer für mich, Maus.«

»Was jetzt genau ist schwer für dich?«

»Dass ich mein Versprechen nicht so einhalten
kann, wie ich es gesagt hatte.«

»Welches Versprechen?«

»Für dich da zu sein.«

»Ist alles gut.«

»Na ja, sehen wir uns am Freitag?«

»Ja.«

»Okay, dann müssen wir uns mal feste in den
Arm nehmen.«

»Entschuldige, momentan nicht.«

»Siehst du, das meine ich. Hat mein Bauch mich
doch nicht betrogen.«

»Ich möchte nicht darüber reden.«

»Schade, denn das kannst du aber ruhig, mein
Schatz. Es geht dir ja schon länger nicht gut.«

»Nein, danke.«

»Will ja nur, dass du weißt, was ich denke und
annehme.«

»Okay.«

»Und wenn dir jemand was tut, dann sag nur
Bescheid, dann regle ich das. Maus, ich tu denen
dann auch weh.«

Mehr ist heute nicht übrig geblieben, alles gelöscht, in der
Hoffnung, dass die Gefühle gemeinsam mit deinen Worten
verschwinden. Wie hätte ich dir sagen sollen, dass ich dich
liebe, ohne dass es falsch rüberkommt?

Unsere erste Begegnung. Du warst mir unsympathisch,
aber ich dachte mir, ich würde es einfach mal versuchen. Ich
– scheu, zaghaft, nervös. Nicht jetzt schon aufgeben, nicht so
schnell. Wieder mal die Narben, wieder mal die
Aufmerksamkeit. Aber nicht irgendeine, deine! Genau die
Person, die ich gebraucht hatte. Bindung zwischen uns.
Aufmerksamkeit und Mitleid, und das gefiel mir. Ich erzählte
dir meine Lebensgeschichte, natürlich nur die dramatischen
Szenen. Du wurdest zu einer Ersatzmutter für mich, und das
war es wohl, was dir zum Verhängnis wurde. Weil du, ohne
gefragt zu werden, in eine Rolle gedrängt wurdest, die du nie
haben wolltest.

Immer nur dich angeschaut. Ich wollte nicht, dass du mich
dabei erwischst, denn ich fühlte mich schon von mir selbst
genug ertappt. Vielmehr ein Anschmachten als ein
Anschauen. Ausgeartet. Lieb(t)e einfach jede Kleinigkeit an
dir. Alles, was ich zu Beginn unsympathisch gefunden hatte,
nun Faszination und Fesselung. Und nein, hierbei geht es um
was weitaus anderes als um eine romantische oder gar

sexuelle Liebe. Du hast das Urvertrauen in mir erweckt, die Tochtergefühle.

Dinge, die ich damals sagen wollte, aber verschwiegen habe: Ich vermisse dich. Kannst du dir überhaupt vorstellen, wie sehr ich dich vermisse? Wie oft ich mir absurde Szenarien ausdenke, bei denen ich deine Liebe zurückgewinne? Ich schwanke immer zwischen: „Sie hasst mich. Ich bin schuld. Sie will nichts mehr von mir wissen. Ich bin ihr egal", und: „Sie hat mich hängen lassen, ich musste weglaufen. Sie hat mich enttäuscht. Ich konnte das nicht mehr. Ich bin ihr egal." Dass ich dir egal bin, steht fest. Aber du mir nicht. Du warst eine Mama für mich, und was bin ich für dich? Tochter? Nettes Mädchen? Irgendeine Aufgabe? Nichts davon. Ich bin nichts, vollkommen egal. Mit dir zusammen habe ich meine ganze Familie, meinen einzigen Stützpunkt verloren. Das ist kein Vorwurf. Ich habe mich selbst dazu entschieden, auf einmal abrupt den Kontakt abzubrechen. Wir sehen uns nicht mehr, schreiben uns nicht mehr. Und das Einzige, was von dir kommt: eine vermeintlich letzte Nachricht mit den Worten: »Möchtest du mir irgendetwas mittleiden?« Pein. Weißt du, das tat wirklich weh. Das hat mich zu einem Menschen gemacht, der nur noch in Sehnsucht und Hass versinkt. So wie jeden habe ich dich am Anfang gewarnt. Ich habe dir gesagt, dass ich alles andere als einfach bin und dass du nicht für mich da sein musst. Wieso hast du gesagt, dass du es trotzdem tust? Wieso glaube ich diese Worte jedem Menschen immer wieder? Ich bin so naiv, so dumm. Jedes Mal werde ich wieder fallen gelassen. Ich werde weggeschoben, als wäre da nichts gewesen. Ich habe dich gottverdammt geliebt! Zum Teufel mit mir selbst! Ja, ich bin ein Mensch mit großen Verlustängsten. Ja, ich bin ein

Mensch, der sich abhängig macht. Ich wünschte, ich wäre nicht so nähebedürftig. Dann würde ich mich nicht immer wieder Menschen anvertrauen und schlussendlich enttäuscht und verlassen werden. Sag jetzt bloß nicht, dass ich dich verlassen habe. Du hast mich verlassen, psychisch. All deine lieben Worte waren ohne Bedeutung. All deine Versprechen hast du gebrochen. Ich konnte mich an nichts Festes mehr klammern und hing trotzdem an dir. Ich hing in den Seilen deiner von mir erhofften, aber nicht vorhandenen Liebe. Sie schnürten mich fest, nahmen mir die Luft. Gleichzeitig schützten sie mich vor dem Fall in unendlich tiefe Leere. Der Preis für Freiheit war also das Fallen. Ich dachte, wenn ich lebend am Boden ankomme, dann ist es vorbei. Aber nur weil es kein Genickbruch war, heißt das nicht, dass ich lebe. Ich bin halb tot. Ich habe Schmerzen, komme nicht damit zurecht, nicht mehr gebunden und sicher umhüllt zu sein.

Wir denken, wir brauchen genau diese bestimmten Menschen. Aber Fäden reißen, Fäden werden gesponnen. Und auch ich spinne, so etwas zu behaupten, doch es ist wahr: Selbst wenn sie alle sterben sollten, man wird nie niemanden kennen. Alle sind verbunden und doch sind wir alle allein. Einsamkeit ist geselliger als Gesellschaft.

Ich will nur (nicht) dich.

Wir sind zu Ende. Denn manchmal, wenn ich die Nähe am meisten brauche, distanziere ich mich am meisten. Lass mich (k)ein Teil deines Lebens (mehr) sein. Wir sind ZU ENDE.

Flüssigkeitsentzug
Ich bin meine eigene Pfütze
Und werde zu Fluss
Und werde zu See
Und werde zu Meer
Und zu weniger

Diesmal kein Sex, auch wenn man es denken könnte. Obwohl: Rein, raus, Erleichterung. Erneut einige Parallelen.

Was ist demütigender, als sich selbst zu demütigen? Essen stopfen. Essen stopfen. Essen stopfen. Massen und Massen an Essen. Über der Toilettenschüssel hängen.

Eins, zwei, drei Finger im Hals
Eins, zwei, drei Mal gehustet
Vier, fünf, sechs Mal gewürgt
Vier, fünf, sechs Mal erbrochen
Dicke Brocken, hoch den Hals, Geschmack von Schokolade.

Dicke Brocken, sich in die Toilettenschüssel stürzend, Spritzen des Klowassers ins Gesicht.

Blick in den Spiegel: Aufgequollenes Gesicht. Nasse Wangen. Zitternde, bibbernde Lippen. Zahnabdrücke, rote Knöchel.

Dreck.
Überall Dreck.
Dreck der Demütigung in mir.
Dreck der Demütigung an mir.
Ich selbst bin die Demütigung.

Ich führe Krieg mit dir, mein liebes Ich. Der tägliche Schwertkampf, wird es je enden? Ich steche es in deine Kehle und du brichst. In Einzelteile, in dich zusammen. Und (ES) aus. Der Feind ist besiegt und ich bin es auch. Dennoch nicht endgültig. Lass uns den Kampf vertagen, mein liebes Ich. Denn wenn ich untergehe, tust du es auch, und wenn du untergehst, ich ebenso. Lass uns den Kampf vertragen, mein mich hassendes Ich. Wir sind noch nicht schwach genug, um dem ein Ende zu setzen. Wir selbst sind die Demütigung.

Kreis der Schwerter
Ich kämpfe.
Für mich.
Mit mir.
Gegen mich.

»Du hättest dein Ziel fast erreicht, warum hast du aufgehört? Jetzt wirst du unglücklich.« Welch eine erbarmungslose Lüge. In einem erbarmungslosen Krieg mit mir selbst. Niemals erreiche ich mein Ziel. Steigerung, Steigerung, Niederschlag und Rache und immer mehr Gemetzel. Franchement gar kein Auge mehr für all das Blutvergießen, für all die Leichen, über die ich schreite. Gar kein Auge mehr für die Veränderung, einen Sieg wird es nie geben und somit auch kein Glück. Nur immer mehr selbstauferlegter Leistungsdruck und gar keine Angst mehr, im Kriege zu fallen. Dennoch: Nur Rückschläge und dann sogar noch Selbstbestrafung. Krieg im kreisrunden Auge des Teufels, brennend darauf, Opfer zu bringen. Rein in den Krieg, raus mit dem Krieg. Die (un)reinste Es(s)kapade.

„We get so worried about being pretty. Let's be pretty kind. Pretty funny. Pretty smart. Pretty strong."
Britt Nicole

KAPITELWIEDERHOLUNG

Nase: O^2 rein, CO^2 raus. Vagina: Sein Geschlecht rein, sein Geschlecht raus. Es gibt Parallelen zwischen dem Atmen und Sex, aber dasselbe ist es nicht. Objekte der Begierde sind bloß die Trübung seiner selbst. Frauenkörper sollten somit nie trüben dürfen. Mache ich dich blind, bist du schlecht. Oder zumindest so schwach, dass du stärker bist als ich.

Nun gebe ich dir, was du schon immer wolltest. Als ich mich ausziehen sollte. Als deine Hände über meine Brust fuhren, zwischen meine Schenkel glitten. Dein Mund sich auf meinen presste und mir den Atem stahl. Nun liege ich hier, unter dir, ganz nackt, und das am Körper und in mir drin. Gepresst auf den Rücksitz deines Autos in einem kalten, dunklen und stillen Wald. Das Einzige, was ich höre: dein Hauchen direkt an meinem Ohr. Ich bin erstarrt (wieder einmal) und wehrlos unter einem aufgesetzten Lächeln.

Sex hits different, when you don't ask for it.

Ich schließe die Augen, um all das (vor allem mein entblößtes Selbst) nicht mehr sehen zu müssen, und denke mich ganz weit weg von hier, von dir. Aber wohin ich auch entfliehe, mein Körper ist verschmutzt, vielleicht werde ich sogar gern benutzt. Es ist, als würde Dreck durch mein Blut fließen oder vielmehr deine dreckigen Hände unter meiner Haut entlangstreichen, gleichermaßen zart und gnadenlos. So ekelig, so abstoßend, so dreckig und doch so erlösend. All das bin nun Ich. Danke für dein Geschenk. Oder habe ich es mir selbst gemacht? Schuldgefühle im Nachgeschmack – die Frage ist, was besser schmeckt.

Ich weiß, dass du ein guter Mensch bist. Du bist gut zu mir. Also bin ich gut zu dir.

> „Das ist ein anderer Mensch,
> der mich am Handgelenk greift und wirft
> und unter seinen Atem zwängt.
> Küsst mir die Wange,
> wischt den Angstschweiß weg.
> Wimmern im Dunkeln,
> ich wünsche mich ganz weit weg."
> *Vatertag, Casper, 2009*

Ich gebe euch Recht, er hat kein Recht dazu, selbst wenn es nur einmal im Jahr ist und man sich manchmal verpasst, er mich manchmal nicht anfasst in meinem Kopf, in meinen Erinnerungen, in meinen Bildern. Er hat kein Recht dazu, mir „Hallo" zu sagen, als hätte er all das nie getan, all das, was mehr als ein Hallo war. Ich gebe euch Recht. Er hat es verdient, eins auf die Fresse zu bekommen. Oder zwei. Oder drei. Oder so viele, wie er mir Blicke zuwarf und Worte und Hände. Aber was ändern da schon ein paar auf die Fresse? Gefundenes Fressen. Vielleicht bin ich besessen, gemessen an deiner Begierde, die längst verflogen ist. All das, was längst gelogen ist. Ich hänge fest. Denn du hast nicht nur mich, sondern auch meinen Kopf gefickt.

Doch das, was noch einmal vor den „Hallos" geschah, war das letzte Mal. Die letzte Wiederholung. Auf immer und ewig.

Jede Zelle unseres gesamten Körpers
wird zerstört und erneuert.
Alle sieben Jahre.
Irgendwann also
werde ich einen Körper haben,
den deine Hände
nie berührten.

Du warst die erste Art der Selbstverletzung in meinem Leben und du hast mir sie gegeben, die Rechtfertigung für meine völlige Selbstzerstörung. Und mein Leben ging und geht weiter, aber es wird nie mehr dasselbe sein, dank dir. Lebe wohl, M.

Ich tu mir weh
Ich tu mir weh.
Aus purer Lust, was mich erfreut,
sind Schmerz und Frust.
Ich tu mir weh.
Auf viele Arten, weil die anderen es auch so taten.
Ich tu mir weh. Nummer eins.
Ich zieh mich aus, er fasst mich an.
Ich zieh mich aus, ich lass ihn ran.
Auf Blicke folgen Hände,
woher soll ich wissen, was sie tun?
Woher soll ich wissen, was der Unterschied ist
zwischen Festhalten, Halt-Geben
und Festhalten, Gefangen-Nehmen?
Genuss auf der Brust,
doch sie greifen hindurch
und befriedigen mein Herz,
indem sie es zerdrücken.
Ich tu mir weh. Nummer zwei.
Ich ess nicht mehr, um schön zu sein.
Ich ess nicht mehr, ich bin nun sein.
Ich bin unbekannte Facette,
umhüllt von bekannter Fassade,
doch ich bin.
Werd weniger du.
Ich, verschwinde, hab kein Gewicht,
sei ein Nichts.
Ich tu mir weh. Nummer drei.

Ich schneide Klingen durch meine Haut.
Ich schneide Klingen, blutversaut.
Blut voll dreckiger Hände,
ich lass sie los, ich kann atmen.
Schnitt für Schnitt,
ein und aus
und der Dreck fließt warm aus mir heraus.
Ich tu mir weh. Nummer vier.
Finger in meine Kehle gesteckt,
Finger in meine Kehle, von Narben befleckt.
Gehustet, gewürgt, erbrochen,
Abdrücke zeichnen meine Knochen.
Dreck der Demütigung an mir,
in mir, dank dir.
Ich selbst bin die Demütigung.
Ich tu mir weh. Nummer fünf.
Ich streite mich und werd verlassen,
ich streite mich, er soll mich hassen.
Geh nicht weg, komm zurück,
hasse mich und bring mir Glück.
Würg mich, schlag mich gegen die Wand,
doch trenne niemals unser Band.
Es ist so stark und wunderschön,
hör niemals auf, mir wehzutun.
Ich tu mir weh. Nummer sechs.
Ich schlucke Pillen, nehme Drogen.
Ich schlucke Pillen, bin ganz kurz oben.
Doch nach dem High, da kommt das Down,
sag mir, wie kann ich dir vertrauen?
Wenn du nur das eine willst,
wenn du nur deine Gelüste stillst.

Ich tu mir weh. Nummer sieben.
Ich spiel die Rolle, die er mir gab.
Ich spiel das Püppchen, das er so mag.
Komplex der Sex, ich mag ihn nicht,
doch er ist das, was mir Schmerz verspricht.
Dreck fließt in mich hinein.
Ich bin allein, ich bin sein, ich bin dein.
Ich tu mir weh.
Weil ich mich benutzen lasse,
weil ich dich und es und mich liebe und hasse.
Weil ich mich selbst benutze,
meinen Körper und meine Seele beschmutze.
Ich bin dreckige Selbstzerstörung
und zerstörter Dreck.
Ich tu mir weh und ich brauche den Schmerz
Und vielleicht bin ich bald endlich weg.

Nicht von außen durch ein Subjekt betrachtet, sondern aus mir heraus wieder auf mich drauf: Ihre Verbände sind neu, dennoch schon befleckt (wie sie selbst) von ebenso neuen Wunden (wie in ihr). Schandflecken. Würdest du dich doch bloß in dessen Hände begeben, dachte ich. Und sie im gleichen Augenblick in die Falschen. (Nein! Doch nicht in SEINE!) Sie lernt nicht dazu und so sitzen wir nun nebeneinander, still und einsam und ganz ohne uns zu betrachten, wir sind uns gegenseitig bekannte Fremde. Und obwohl wir uns nicht leiden können, können wir wohl gemeinsam leiden – oder vielmehr: Wir müssen es. Heute nehme ich ihre Hand und mir das Anrecht, sie für einen Tag hinauszuführen, und das wahrhaftig, nicht etwa aus ihrem Kopf heraus. Denn heute scheint die Sonne* in weiter Ferne, doch sie gehört ihr nicht. Nicht heute, nicht morgen, sie wird noch viele Jahre warten müssen. Heute aber wärmt sie ihr Gesicht und schenkt ihr tiefe Atemzüge und kurzweilige Freiheit. Wer oder was betrachtet sie? Ich. Wer oder was ist sie? Ich.

Und einige Jahre später ist es die Tat selbst, die sie von weiteren abhält. Nicht ihre Konsequenz, keine Vernunft, bloß die reine Massivität und das Wissen, eine solche Schwere nie wieder erreichen zu können. Diese Besessenheit nach Tiefe (sind tiefe Schnitte tiefsinnig? Unsinnig!) mundete in eine viel tiefere Angst, nachdem ihr Limit nun erreicht war. Nicht mal annähernd daran kam sie nun noch. Nie wieder. Und das wusste sie, dennoch gab es nachträglich einige scheiternde Versuche der Lächerlichkeit. Aus roter Lust ward devoter Frust. Es war nie der Schmerz, der sie befriedigte, der ihre Besessenheit schürte, es war allein die Sucht nach mehr, nach tiefer, nach schlimmer. Auf all das und auf nichts anderes stützte sich ihr Selbstwert. Ohne tiefe Wunden, keinen Wert, besser keine als kleine.

VOLLES KAPITEL

Ich. Ich. Ich. Ich. Ich. Ich. Ich. Ich. Ich. Ich. Ich. Ich. Ich. Ich.
Ich. Ich. Ich. Ich. Ich. Ich. Ich. Ich. Ich. Ich. Ich. Ich. Ich. Ich.
Ich. Ich. Ich. Ich. Ich. Ich. Ich. Ich. Ich. Ich. Ich. Ich. Ich. Ich.
Ich. Ich. Ich. Ich. Ich. Ich. Ich. Ich. Ich. Ich. Ich. Ich. Ich. Ich.
Ich. Ich. Ich. Ich. Ich. Ich. Ich. Ich. Ich. Ich. Ich. Ich. Ich. Ich.
Ich. Ich. Ich. Ich. Ich. Ich. Ich. Ich. Ich. Ich. Ich. Ich. Ich. Ich.
Ich. Ich. Ich. Ich. Ich. Ich. Ich. Ich. Ich. Ich. Ich. Ich. Ich. Ich.
Ich. Ich. Fuck.

Notiz an mich

Notiz an mich:

O stilles Ich, du schreist so laut.

Du Eiskristall, ganz aufgetaut.

Als Wasser fließt auf meiner Haut.

Du und ich auf deiner, meiner.

Reglos zappelt sonst nun keiner.

Unter ihm, da wirkst du kleiner.

O lautes Ich, du schweigst so brav.

Als Wolf getarnt im Fell vom Schaf.

Liegst nun wach im tiefen Schlaf.

Du und ich in dein und mein.

Blut so süß wie roter Wein.

Getäuscht von ihm, der helle Schein.

O totes Ich,

Vermiss ihn nicht.

Weil dir sonst dein Herz zerbricht.

Man sagt, Worte können stechen, wie eintausend Messer, aber was tut die laut schreiende Stille? Die Worte, die keine sind? Das NICHTS. Weiterreden. Bloß keine laute Stille. Nicht aufhören. Sex für die Ohren und für das, was am Munde hängt. Das innere Sterben der Frauen ist die gestillte Lust des Mannes. Beide lächeln. Beide glücklich. Gemein(sam). Wir können ihnen nicht entfliehen – den Lüsten auf menschliche Nähe, auf maschinelles Auf-und-ab-Bewegen. Darob sind wir nicht Mensch. Oder das Wort: falsch.

Sexuelle Abstinenz. Fass mich nicht an, ich lass dich nicht ran. Und dein Frust darüber zerstört unsere Bindung, immer und immer mehr geht sie verloren. Immer und immer mehr breitet die Angst sich aus in mir. Die Angst, du könntest mich verlassen, weil ich dich nicht lasse. Weil ich den Sex nur noch hasse, verabscheue, wie mich selbst. Dein Verlangen ist meine Folter.

Eingesperrt im selbst erbauten Gefängnis, weil die Kulisse so nach „zuhause" aussah. Als Insassen fängt man an, sich Dinge anzutun, die man sonst nie getan hätte. Und je länger und enger wir dort saßen, desto weiter entfernten wir uns voneinander. Logen, betrogen, verletzten. Übersahen uns und das, was direkt vor unserem Auge sein sollte. Und auch, wenn wir es absichtlich übersahen, so wurde es so kolossal, dass wir nicht mehr hätten wegsehen können. Und dennoch überrollte es mich, als hätte ich es nicht kommen sehen.

Die Hoffnung stirbt zuletzt. Aber sie stirbt.

Und ich werde mit ihr sterben. Das dachte ich immer. Dass ich sterben müsste ohne dich, wenn du mich verlässt. Doch wenn auch nur mühevoll – ich konnte weiteratmen.

„Thank you for the tragedy. I needed it for my art."
Kurt Cobain

ZWISCHENWORT

Ich könnte das ZWISCHEN uns auf die Probe stellen. Aber wenn da nichts mehr ist, wäre diese Probe mein Tod. Wähle ich Ungewissheit oder Tod?

Erst verlor ich meine Selbstachtung an dir. Danach verlor ich meine Achtung vor dir. Achtung: Ich verlor uns beide. Was bleibt mir? Es ist mein neues Ich.

Das Atmen fiel von Tag zu Tag leichter. Fühlt sich so die Freiheit an?

.

Dieser Punkt ist der (kl)eine
positive Gedanke mit dem
ich anfangen will
Denn die meiste Zeit meines Lebens
verbringe ich in meinem Kopf
und dieser Ort
soll schön sein

.

Und ich wusste zwar, dass das mit uns toxisch war, dennoch hatte die Liebe immer das größte Abhängigkeitspotential für mich. Und ich konnte zwar endlich aus deinen fesselnden, unterdrückenden Ketten entkommen, dennoch hattest du mich über die Jahre hinweg konditioniert. „Ich habe keinen Wert, solange ich einen Mann nicht sexuell befriedige, das ist meine Pflicht als Frau." Das hat sich eingebrannt. Fight, Flight, Freeze und Fawn. Ich würde mich als der Schockstarre-Typ bezeichnen. Aber es ist so: Lernt ein (junger) Mensch wiederholt, dass die ersten drei Reaktionen nicht hilfreich sind und keine Sicherheit bieten, versucht er (unbewusst), dem bedrohlichen Gegenüber zu schmeicheln, ihm zu gefallen und ihn für sich zu gewinnen.

Das ist Fawn. Die eigenen Grenzen lösen sich auf und das „Opfer" unterwirft sich, gibt sich dem Täter hin. Und in meiner Abhängigkeit von dir haben die drei ersten Reaktionen nichts gebracht. Ich konnte dich nicht verlieren, ich dachte, ich müsse sterben ohne dich. Beim Kampf musste ich also immer nachgeben, die Flucht ging nur auf kurze Dauer, die Schockstarre brachte einfach nichts. Ich gab dir also meinen Körper, voller Hingabe, voller verängstigt gespielter Lust. Ich wollte dich zufriedenstellen, befriedigen, damit du aufs Erste deine Finger von meinem Körper, deinen Körper aus meinem Körper lässt. Nun habe ich dich verloren und ich bin nicht tot. Ich lebe. Überlebende. Auf eigenen Beinen und so langsam erhebt sich mein Kopf beim Durch-die-Welt-Schreiten. Mein Lächeln kehrt ein wenig zurück, zumindest manchmal. Aber etwas von dir lässt mich nicht los und etwas von dir kann vielleicht auch ich nicht loslassen. Ich versuche, mich zu erholen. Die Atemzüge auszuschöpfen und mich selbst neu zusammenzubauen.

Schlafende Körper, wie die von Toten, von erloschenen Sonnen* oder unwichtigen Sternen. Die schlafende Sonne* ist Leiche dessen, was Menschen Leben schenkt. In der Nacht sind wir tot.

»Dort bin ich! Denk mir, ich schlafe nicht!«
»Und warum denn nicht?«
»Weil ich zu müde wurd.«
»Und warum denn?«
»Weil ich Denker bin.«
»Werden Denker denn zu müde?«
»Wie könnten Denker schlafen!«
Angelehnt an: Betrachtung, Kinder auf der Landstraße, Franz Kafka, 1913

Mein Herz liegt mitten in der Matratze, als wäre es dort hineingesunken. Mein Kopf ist dort, wo er tatsächlich ist, und mein Körper dreht sich in mehrfacher Ausführung um ihn herum. Ich öffne die Augen. Alles wieder (na ja, eigentlich immer noch) an Ort und Stelle. Ich drehe mich auf die rechte Seite. Augen zu. Mein Herz rutscht direkt in die rechte Hälfte meines Körpers. Aber besser in mir als in der Matratze.

„Ich bin zu müde, um zu schlafen."
Es tut wieder weh, Kummer, 2019

Mein Kopf ist riesig, viel größer als mein restlicher Körper. Irgendetwas drückt ihn nach hinten, während etwas anderes meine Körpermitte nach vorn zieht. Mein Körper ist schon ganz weit weg von mir, vielleicht fühlt er sich deshalb so klein an. Wie ein Haus, beobachtet von einem Flugzeug aus. Ja, das muss es sein, darum ist er so klein. Und mein Kopf so riesig, dass er zu platzen droht.

Wären wir nachts nicht schlaflos, wären wir tagsüber ratlos – die Denker der Nacht.

KONSUMKAPITEL I

Meine Gewandung so kurz wie meine erhoffte Lebenserwartung. Was kann ich vom Leben erwarten? Der Stoff ein durchsichtiger Schein für ein undurchsichtiges Sein. Äußerlich besessen, innerlich zerfressen. Doch ich bewahre ihn wie er den Heiligen-. Nicht Wasser, nein, mein Blut werde zu Rotwein. Der Festakt des Lebens, die Nacht der Nächte.

„Nacht für Nacht, Röcke knapp wie der Verstand."
Alles endet (aber nie die Musik), Casper, 2013.

Gekleidet wie eine Hure, er tickt die Drogen, für mich ticke die Uhr (leider kein Märchen mit guter Fee, obwohl, der Effekt ist derselbe). Der Festakt des Sterbens und gleichzeitig des Vergessens darüber. Koste den Wein, koste das Weiß, was kostet der amüsante Tod im Lostopf?

Wörter wir(r). Lachen die einzige Sprache, die wir brauchen, die wir überhaupt beherrschen. Die einzige Sprache, die existiert. Im Stehen. Dann laufen. Einen Fuß vor den anderen setzen. Muskeln zittern im Zickzack. Frage jeden, ob er es sieht, doch höre mich selbst, bevor ich spreche. Ich wirke also distinguiert, wie sonst auch? Nichts mehr lustig, Mund zu trocken und Rückenschauder. Das Gefühl eines Orgasmus ohne aber Lust, ohne das Schöne, nur das ohne Gefühle. Kann nicht reden, mich nicht bewegen. Nein, kein Tanz mit mir, weil alles andere tanzt. Wieso höre ich meine Stimme schon, bevor ich die Worte ausspreche? Ich will hier weg. Bin klein, bin hilflos, hab Angst. Kenne sie

70

kaum, und die, die ich kenne, sind weggerannt. Wortwörtlich! Kaue mein trockenes Brot und brauche eine Ewigkeit. Bin ewig breit.

Von Grün zu Bunt und Weiß

Wir beißen nicht ins Gras
Wir atmen es ein
In unsere Lungen
Und gestehen uns nicht ein,
Dass es der erste Bissen war,
Weil Natur zu Chemie wurde
Und unerfahrene Erfahrungen
zu gewöhnlichen Gewohnheiten.

Der dritte Satz: FRAU, SIEHE, DEINE TOCHTER! DU (ich, zu mir), SIEHE, DEINE MUTTER!

Für meine Mutter ist es nichts als eine Attraktion. Ein Jahrmarkt zur Befriedigung des guten Gefühls. Sie ist ein guter Mensch.

Von Tochter zu Mutter

Deine Liebe stößt auf Wut.
Du redest mit mir,
du schaust mich an,
du sorgst dich um mich,
du berührst meine Haut,
du berührst meine Seele,
du berührst mein Herz.
Allenthalben berührst du mich
Und redest dabei mit mir,
schaust mich an,
sorgst dich um mich.
Du liebst mich
Und deine Liebe stößt auf Wut,
auf Ekel,
auf Zweifel,
auf Angst,
auf Nervosität,
auf Unsicherheit,
auf Abscheu.
Allenthalben berührst du mich,
voller Liebe,

doch ich zerbreche daran.
Ich zerbreche in Wut,
in Ekel,
in Zweifel,
in Angst,
in Nervosität,
in Unsicherheit,
in Abscheu.
Denn all diese Stücke,
die hassen deine Berührungen der Liebe.
Tut mir leid, Mutter.

Ich mag meinen Verdruss darüber bekunden, als Ausgeburt der Liebe (denn ich ward aus Liebe gezeugt, aus Liebe meiner Eltern füreinander und für mich, ohne jegliches Wissen über mich als Person) dieser auch als meine Pflicht gegenüber der beiden zu unterliegen. „Du sollst deinen Vater und deine Mutter ehren, auf dass du lange lebest in dem Lande, das dir der HERR, dein Gott, geben wird" (Ex 20, 12). Ich ehre meine Eltern. Sie schenkten mir ein Leben, welches ich nie wollte, aber nun schon. Aber das mit der Liebe, das beherrsche ich nicht, auch wenn ich es versucht habe. Es brachte das Schlimmste in mir zum Vorschein. Sie vererben das Verderben. Besonders sie. Doch am Ende ist das kindliche Produkt verdorben, so sehr, dass es sich Todesszenarien ausmalt, wie andere es bei Liebesszenarien tun. Doch ihr habt mir nichts getan. Und dennoch: Unsere Beziehung ist ein scheinheiliges Sein und ein unheiliges Nichtsein meinerseits. Und es ekelt mich vor eurer (besonderes ihrer) Nähe, ganz gleich, ob körperlich oder emotional. Selbst die kleinste versehentliche Berührung unserer Fingerkuppen jagt mir eine Gänsehaut durch meinen Körper, wie ein einschlagender Blitz, den ich abschütteln muss. Ich bin gefühlskalt und täusche die Wärme vor mit Belanglosigkeiten für Schuldgefühlsloswerdigkeiten. Denn merkt bloß nicht, dass etwas nicht stimmt, damit kommt ihr mir zu nahe. Und kommt mir bloß nicht zu nahe mit euren Sorgen um mich, denn davor schaudert es mich. In einer oberflächlichen Welt sollte eine oberflächliche Beziehung genügen, um den Schein zu bewahren, um meine dunkelsten und tiefsten Gedanken zu verwahren. O, welch furchtbarer Unfall, mein Beileid. O, welch Furcht vor dem Fall meiner selbst, mein Twilight. So zwielichtig, so selbstwichtig. Ich würde alles geben, um alles zu verlieren, entweder euch oder mich. Und es tut mir leid, liebe Eltern und auch liebe Kinder dieser Welt, die furchtbare Eltern haben oder wundervolle verloren. Ich will all das, was keiner will. Hab mir so sehr gewünscht, ihr würdet mir wehtun, nur um eine Rechtfertigung dafür zu haben, wie ich fühle. Selbst die Engel bewahren einen heiligen-Schein.

KAPITEL DES AKTES

Zum Anspruch des Ehemannes auf Beischlaf in der Ehe und zur Verpflichtung der Anteilnahme der Ehefrau an demselben; §§ 1351 Abs. 1 BGB, 48 Abs. 2 Ehe:
Die Ehefrau genügt ihren ehelichen Pflichten nicht schon damit, daß sie die Beiwohnung teilnahmslos geschehen läßt. Wenn es ihr infolge ihrer Veranlagung oder aus anderen Gründen, zu denen die Unwissenheit der Eheleute gehören kann, versagt bleibt, im ehelichen Verkehr Befriedigung zu finden, so fordert die Ehe von ihr doch eine Gewährung in ehelicher Zuneigung und Opferbereitschaft und verbietet es, Gleichgültigkeit oder Widerwillen zur Schau zu tragen.

Die Niederkunft. Wer ein Kind gebärt, stellt es sich nicht beim Sex vor, aber vor der Geburt geht es in Richtung Leben, danach nur noch in Richtung Tod, da ist Sex schon okay. Drum wende ich mich ab vom eigentlichen Zwecke (selbst von dem (un)reinen Amüsement) und verfalle in die Rebellion gegen Gesetz und gegen Gott (nebenbei bemerkt auch gegen meine Wenigkeit, aber was bin ich gegen Gebot? Immerhin sind meine Handlungen (noch) nicht gegen Gebot – ICH VOLLZIEHE DEN AKT AUS FREIEN STÜCKEN, die nicht mich, aber ihn und meinen Drang nach Reminiszenz beglücken). Ritual hat doch auch etwas Religiöses und Gott ist nun mal Herr über mich. Lasset uns beginnen.

Ich liege bereit, Schenkel breit und ich selbst auch (o, wie schön Pflanzen doch sein können). Du bist bereit. Breit deine Schultern und dein Du (du hast sie mir mitgebracht, die Pflanzenpracht). Berausche mich, während ich dem Rausch erliege und nichts und niemanden hier liebe. **1. Korinther 6,**

18: *Flieht der Hurerei! Alle Sünden, die der Mensch tut, bleiben außerhalb des Leibes; wer aber Hurerei treibt, der sündigt am eigenen Leibe.* Ich bete um Vergebung, ohne dass meine Hände sich berühren, denn meine Hände sind beschäftigt, sonst müsste ich gewiss nicht um Vergebung bitten. O Herr, lass mich deine treuen Söhne beglücken, ich sehe es als meine weibliche Pflicht. Und wenn dies nicht meine Sünden waren (denn ich habe die erhaltene Gegenleistung nicht eingefordert), dann bitte ich drum, erneut meine Beichte zu vernehmen. Ich steh zu meinem Wort, denn es geht durch meinen Körper reinewegs hin zu dir, ident wie meine körperliche Klimax.

Und ich amüsiere mich beinahe schon über ihr Unwissen, vielmehr ihre Dummheit. Ich würde mich amüsieren – würde es mich nicht treffen. Ach, doch. Genau das ist mein (Selbst-) Humor(d). All die längst verheilten Wunden und es geht mir besser? Da habt IHR euch wohl geschnitten. ICH habe es ersetzt. Denn der Unsichtbarkeit liegt eine gewisse Gefahr inne. Lächelt weiter, freut euch, dass es mir besser geht. Ich derweilen frage mich, ob sie es wirklich glauben oder ob sie einfach nur die Lüge akzeptieren. Wahrscheinlich gibt es beide Typen. Und ich bin auch beide Typen in einem, weil ich es manchmal selbst glaube, dass alles besser ist, aber manchmal akzeptiere ich auch einfach die Lüge, damit ich mich ein bisschen normaler fühle, aber tief in mir drin möchte ich einfach nur gesehen werden. Ich möchte, dass die Leute weder die Lüge glauben noch sie akzeptieren. Ich möchte, dass sie sehen, was dahintersteckt, denn diese Selbstverletzung ist so viel gefährlicher als die offensichtliche. So viel gefährlicher. Aber ihr seht nur wieder die Hure. Sind wir nicht alle ehrenamtliche Nutten? Könnt ihr denn nicht sehen, dass ich das nur tue, um mir wehzutun? Ich bin so nicht, ich war nie so.

KAPITEL DER RETTUNG

Ich liebe euch. Liebe, die nicht toxisch ist. Nie toxisch sein wird. Bedingungslos. Es hat Vorteile, kein Mensch zu sein. Ihr wisst nicht mal, dass ihr Rettung wart, seid. Euch kann man nichts erklären, traurig und rettend zugleich.

Zweifach rettende Anmut. Eine trägt den Namen selbst, das andere trägt sie in seiner Bewegung. Lebewesen und ästhetische Lebendigkeit. Tier und Tanz. Ihr könnt mich ein Stück weit retten, auf eine ganz andere Art, als andere Menschen es könnten oder gar ich selbst.

Du kleines, liebevolles Wesen gibst mir Nähe, gibst mir jeden Tag einen Grund, aufzustehen, weil es anders nicht geht, weil ich aufstehen muss, um für dich zu sorgen. Du bist lebensfroh und so voller Energie. Bist an meiner Seite, selbst wenn ich es selbst nicht mehr bin. Und du großer, kraftvoller Tanz bist die Katharsis für mich und lässt mich fliegen, mich vergessen und all meinen Schmerz kann ich in dich stecken und du machst Kunst daraus.

Und auch wenn ihr beide mein Herz retten mögt, so ist es nicht gerettet. Dazu bedarf es einer Schweineherzklappe und Ärzte. Man kann einen Menschen nicht retten, nie ganz. Weder seinen Körper noch seine Seele.

KAPITEL DER
ÜBERTRAGUNGSLIEBE

Zwei Jahre. Zwei Jahre der Kontaktlosigkeit. Null. Na ja, fast null, nur eine einzige Nachricht; hier sinngemäß:

„Fast ein Jahr gebraucht, um dir zu schreiben. Wenn man es genau nimmt, noch länger, denn mir ging es schon lange vorher so. Große Angst vor der Antwort … oder davor, dass du gar nicht antwortest oder das nicht liest. Im letzten Jahr kein Stück weitergekommen. Nicht mit mir selbst, mit meiner Zukunft, mit nichts. Ich habe absolut nichts verändern oder erreichen können. Was ich aber im letzten Jahr gemacht habe, ist, dich nicht zu vergessen und um dich zu weinen. Der Grund für meinen abrupten Kontaktabbruch war, dass ich dich mehr mochte, als du mich je mögen kannst. Ich hatte bestimmte Idealvorstellungen, die einfach nicht zur Realität passen. Ich weiß nicht, warum ich so verzweifelt nach einer Mutterrolle suche, aber die hatte ich in dir gefunden – leider. Doch so ist es nun mal nicht, und es tut mir leid, dass ich dir diese Rolle aufgebürdet habe. Weißt du, ich habe immer darunter gelitten, war andauernd im Zwiespalt. Dass ich dich einerseits aus so einer töchterlichen Sicht geliebt habe, andererseits aber wusste, dass du mich nie so lieben kannst (was wahrlich verständlich ist), hat mich furchtbar kaputt gemacht und zerrissen. Das Schlimmste war, dass ich so oft wütend war. Bei den kleinsten Dingen. Wenn du mich weniger beachtet hast, mich mal nicht in den Arm genommen hast, wenn du Versprechen gemacht, aber nicht eingehalten hast. Meine Wut war nicht berechtigt, das weiß ich! Ich hätte niemals wütend sein dürfen, aber ich konnte nichts dagegen tun. Ich mache dir für nichts irgendeinen Vorwurf, du hast nie was falsch gemacht. Und trotzdem bin ich wütend, vielleicht einfach nur auf mich selbst. Dass du dich nach meinem Kontaktabbruch nicht um mich bemüht hast, hat mir gezeigt, dass ich dir nicht wichtig bin und dir nichts an mir liegt. Und das ist okay. Mehr als okay, habe mittlerweile verstanden, dass ich einfach zu viel in deine Bemühungen reininterpretiert hatte und dass das falsch war. Mir tut es immer noch weh, an dich zu denken, aber ich denke, ich kann jetzt damit abschließen. Hast mir beigebracht, weniger naiv zu sein und dass ich damit aufhören muss, mich von anderen Menschen abhängig zu machen – dafür möchte ich dir danken. Ich glaube, du wirst für mich immer jemand sein, den ich gleichzeitig hasse und liebe. Das, was ich an dir hasse, sind aber nur meine eigenen Gefühle in Bezug auf dich, nicht dich als Menschen. Denn du bist eine gute Mutter. Aber eben nicht für mich, sondern ganz allein für deine leibliche Tochter. Entschuldige für diese lange Nachricht und nochmals danke für alles."

Ein weiteres Jahr später (gedacht, ich sei drüber hinweg): Deine Stimme gehört. Herzrasen. Dich gesehen: Zittern. Hast mich in den Arm genommen, meinen Kopf geküsst, gesagt: »Hallo, mein Schatz.« Tschüss, Stärke, hallo, du, ich bin dir wieder verfallen. Welch ein unerwarteter Schock!

Resignation
Resignation.
Völlige Resignation.
Ich bin Schwäche, die einst Person war.
Person, die zu Schwäche geworden ist.

Ich bin Vogel ohne Flügel
Und Fisch ohne Flossen.
Ich falle und ich versinke.
Ich gebe mich dessen hin,
was unausweichlich ist
Und lebe das, was so tödlich scheint – dir.
Resignation.
Du bist völlige Resignation.

Dumpfes Gefühl. Das Gefühl danach. Schädel-Hirn-Trauma. Gefühlt. Gefühle gefühlt. Herzrasen. Zittern. Liebe. Aber nicht so, wie in Köpfen verankert, wie in Büchern geschrieben. Keine Romantik, nichts dergleichen. Übertragungsliebe. Geborgenheit und das Gefühl, wieder fünf zu sein und beschützt zu werden. Ein Zu-dir-Aufschauen und hoffen, gesehen zu werden. Aber nur in meinem Kopf. Nichts davon echt, nichts real. Ich bin ein anderes Kind. Ich gehöre wem anders. Aber allda: Keine Gefühle dieser Art. Es tut mir leid, Mama.

Erst Rausch, dann Pein. Du bleibst eine Erinnerung, eine Sehnsucht. Doch je größer ich werde, desto kleiner wird der Schmerz. Und ich sehne mich bloß noch danach, auf Augenhöhe mit dir zu reden. Irgendwann, da bin ich mir sicher. Denn irgendwann, da bin ich sicher, auch ohne dich, und da werde ich keine Mutter mehr brauchen, sondern ein von dir geleitetes Team. Und ich werde tanzen und dich lediglich in diesem Punkt stolz machen wollen.

KONSUMKAPITEL II

Ich male meine Angst an die Raufaserwand, die Fantasie einer durchdrehenden Künstlerin, nicht mehr Herrin ihrer Gedanken, ihrer Sinne, ihrer Bewegungen. Aufgeschlagene Handknöchel, Fäuste, welche zu Pinseln wurden, und die ganze Welt ein Kontrast zu ihr, ihrem Inneren. Alles so voll, alles so leer. Alles sie, alles ich. Und ich will mehr. Überdosis. Untergnosis. Es ist deine Schuld, mal wieder deine Schuld! Du hast sie gefickt. Und jetzt stehe ich allein hier, ohne Kontrolle über mich, meine Gedanken, meinen Körper. Fremde Blicke ziehen mich aus, drücken mich nieder, wie meine Angst es tut. Der Boden unter meinen Füßen beginnt rückwärtszurennen, doch ich will nicht zurück, nicht zu dir, also renne ich schneller. Nach vorn und ohne Ziel. Alles ist warm, alles ist kalt, bin so jung und doch so alt. Die Angst tanzt. Unwohlsein oder Unwohlnichtsein? Augenblick der Hektik. Extreme Ekstase, unreale Unruhephase.

Schlag auf Schlag
Ich schlage,
wie die Glocken der Kirchen.
Meine Zähne,
- sie kauen und knirschen.
Ich renne,
wie die Zeit an uns vorbei.
Mein Körper,
- er ist entzwei.
Schlag auf Schlag rennen meine Beine,

überschlägt sich mein Herz,
klappern meine Zähne,
bluten meine Fäuste,
zählen all die Menschen.

10, 9, 8, 7, 6, 5, 4, 3, 2, 1, boom! Tausend Lichter am schwarzen Himmel, tausend Gesichter im sich umarmenden Gewimmel. Und meine Augen sind weiter, Pupillen so groß wie dieses Ereignis. Es lässt nach und ich werde müde. Und es ist schon wieder hell draußen, doch ich bin zu dunkel für die Sonne und ich will Rache. Leg dich nicht zwischen uns, ich werde mich von IHM ficken lassen, weil du SIE gefickt hast. Ich will dir wehtun und Sex war schon immer dein größter Angriffspunkt. Meiner auch, aber dafür opfere ich mich.

O, Mutter, was soll ich bloß tun? Mein Herz schlägt für beide. „Wähle, was gut für dich ist, mein Kind", sagtest du, Mutter. Was, wenn es beide sind oder niemand? Weil es nicht das reine Gute gibt. „Wähle, was dich beglückt, mein Kind", sagtest du, Mutter. Was, wenn es beide sind oder niemand? Weil Glück immer temporär ist und nie für immer. Und so ging es weiter, Stunde um Stunde, und ich begriff, für wen mein Herz schlägt. Danke, Mutter. Ich werde sie beide vergessen. Männer und Frauen. Mein Herz schlägt nur für dich, Mutter, Tropfen des Meeres. Und für meinen Vater, allenthalben und obig im Himmel, und für seinen Sohn, auf festem Boden.

Ich bin das Feuer. Der brennende Dorn in deinen liebenden Augen, salzig und feucht, wie das Meer. Mutter, ich betrüge dich erneut. Diesmal ist es eine Frau.

Eine sehr große Leinwand für meine Verhältnisse. (Ungeduld ist meine künstlerische Tugend. Oder so.) Aber es ist ja UNSER VERHÄLTNIS. Wie erotisch graue Wölbungen doch sein können. Mach dich frei und ich befreie meine Hände. Nicht so! Wo denkt ihr bitte hin? Es geht um dich und ich um dich, vielleicht doch nur um mich. Ohne Berührung. (Vielleicht habe ich den Pinsel auf eine erotischere Weise berührt als dich.) Ohne Höhepunkt. (Definitiv auch nicht der meiner künstlerischen Karriere, auf den warte ich bis heute noch.) Was meinen Körper erfüllt, ging durch andere Körperöffnungen. Drum male ich dich bloß, und das sehr konzentriert und geduldig für meine Verhältnisse. Die Nacktheit und der Rausch sind gegenwärtig (wenngleich diese Nacht sich buchstäblich (nein; pinselstrichlich) übermalen ließe).

Der zweite Satz: AMEN, ICH SAGE DIR: HEUTE NOCH WIRST DU MIT MIR IM PARADIES SEIN.

Wir haben uns verkleidet. Rebellen. Nein; Rebellinnen (und die Weiblichkeit ist hier äußerst zu betonen!). Vom Haaransatz bis in die Zehenspitzen (welche uns mehr Geld bescherten, als man es von Zehenspitzen – zugegebenermaßen mit Fuß, manchmal auch mit ganzem Körper dran – erwarten würde). Manche Verkleidung war die Ent-. Aber nicht jede, wir waren weitaus mehr als „das".

Bis ich gehe. Unsere Vereinbarung war eine Verzweisamung, bis ich gehe. Genau ein halbes Jahr. Welches wir in vollen Zügen zu genießen verstanden (abgezogen depressiver Tage einfach so oder nach dem Konsumieren gewisser Substanzen). Unser Sommer war Tanzen. Mit dem Leben, auf Konzerten, im Regen und im Herzen. Es war ein Rausch und wir dachten nicht drüber nach, was passiert, wenn die Wirkung plötzlich verflogen ist. (Oder vielleicht doch? War es mithin eine Verbundenheit auf Distanz? Ein Küssen nicht länger als ein Atemzug? Ein Händehalten versetzt mit kaltem Schweiß? Und eine Liebschaft ohne Ich liebe dich?)

Was es auch war, es war ein Jahrmarkt. Halbjahresmarkt. Musik, die uns berührte in den vordersten Reihen. Berauscht von Spirituosen auf Jesuskreuze klettern (O Herr, vergib uns, wir wollten nur nachsehen, ob er nicht doch eine Frau ist) und auf dem Boden vor der Kirche liegen und musikalischer Traurigkeit lauschen.

„It's when you put me in the spotlight (spotlight), I hope you know I'm faded, all of this liquor I'm drinkin'."

Spotlight, Lil Peep, 2018

Rest in peace. Das Spotlight des Himmels erleuchtete unsere berauschten Körper und erlosch wie die Glut eines Zigarettenstummels. Langsam, allein, hoffnungslos.

Gemeinsam haben wir unsere Körper geschmückt, uns optimiert, selbst daraus fast einen Wettbewerb gemacht. Dieser Wahn brachte und bringt mich um. Denn hinter (oder in?) deinem Antlitz lag immer eine spürbare Bereitschaft, Wahnsinn und Krieg (definitiv NICHT auf eine passiv aggressive Art und Weise) zu entfachen, dein Ausdruck hatte stets etwas Bissiges, Schussbereites. Aber ich (ja, tatsächlich meine devote Wenigkeit) schien dies maximal einzudämmen. Oder vielmehr: Unsere Zweisamkeit tat es. Ich weiß nun, wie er sich damals mit mir gefühlt haben muss, bloß dass erschwerend hinzukommt, dass ich ich bin. Überstrahlt von dir in der Öffentlichkeit. Ein nettes Anhängsel, aber nicht mehr. Das ist das Gefährliche an weiblichen homosexuellen Beziehungen zweier Menschen, die es beide begehren, begehrt zu werden. Es gibt immer etwas Begehrenswerteres. Aber allein – gemeinsam allein – war alles anders. Keine Provokation, keine Bissigkeit, keine Begierde Fremder, kein Leuchten. Auch keine Liebe. Ich habe dich nicht geliebt. Da bin ich ganz ehrlich. Aber ich habe mich in das WIR verliebt. Weil es uns beide verändert hat, glücklicher gemacht hat, mutiger und stärker als je zuvor. Wir waren ein Team, haben einfach zweisam funktioniert. Wäre der Rest der Welt nicht existent gewesen, dann hätte ich es Liebe genannt. Und nun ist es vorbei. Für immer.

KAPITEL AM MORGEN

Ich stand auf in der Früh. Es entpuppte sich als vergebene Müh.

DISSOZIATIONSKAPITEL

Ich verliere mich in mir. Oder in dir. Oder im Wir(r). Welches es gar nicht mehr gibt. Ich verliere mich in der Klarheit. Darüber, was du mit mir gemacht hast. Es ist ein Chaos der Klarheit. Ich verliere mich in meinem Körper. In dem ich dich gefunden hab.

Halbtodestanz
Behaupte dich.
Enthaupte mich,
aber hier besser: Wieder nicht als widerlich.
Mein Schweigen der blutende Kopf.
Abgetrennt vom noch schweigsameren
Körper der Menschheit.
Licht erlischt.
Nicht erwischt.
Es bist nicht du, es ist deine Lust,
die sich an mir vergreift,
und ich begreife: Du hast mich im Griff.
Es ist dein Blick, der mich entzweit
und deine Hand.
Doch am Ende lediglich – gewiss,
Jahre später – mein eigener Verstand.
Ich enthaupte mich.
Wieder und wieder (nicht).
Gewiss nie ganz.
Der stückhafte Halbtodestanz.

Es ist wie umgekehrt puzzeln. Die Teile werden Stück für Stück auseinandergenommen, das Bild verliert an Bildlichkeit. Nimm mir ein Stück Wahrnehmung, ein Teil Bewusstsein. Entferne ein Teil Gedächtnis, Identität, gar Motorik. Und nimm mir auch ein Stückchen Körperempfindungen. Kein Hunger mehr, kein Durst mehr, keine Reaktion auf Berührung. Reiße es auseinander, das Puzzle namens Ich. Und weil ich selbst die Teile bin (war), kann ich sie nicht mehr zusammensetzen, weil sie keinen Sinn mehr ergeben. Kodierung im ICD-10: F44.3. Wer oder was bin ich? Trance. Bewusstsein, eingeengt auf meine unmittelbare Umgebung. Da ist eine Gestalt in einem kleinen Raum. Kodierung im ICD-10: F44.5. Krampfanfälle. Muskelzittern und -zucken. Kieferkicks. Wie auf Ecstasy. Außerdem: Depersonalisation. Derealisation.

Ich bin dein
Nichts zu fühlen ist so viel mehr als nichts.
Er-drückt, durch die Schwere
d(eines) schwerelosen Gewichts.
So viel mehr.
So voll und doch so leer.
Ich begreife es nicht, wie du nach mir greifen kannst,
ohne hier zu sein.
Ich spüre es doch – dein Hauchen,
deine Hände, vielleicht sogar das Ende.
Dabei bin ich allein.
Und so schmerzvoll es auch war,
wäre es mir lieber, du wärst hier.
Bei mir.
In dieser leeren Nacht.

Du hattest und hast die Macht.
Und ich kann dich trotz dessen nicht hassen.
Würd lieber mich selbst als dich verlassen.
Doch du bist so fern, dass es wehtut.
(Und so nah, dass es wehtut.)
Tu mir noch ein letztes Mal wahrhaftig weh,
bevor die Illusion es tut und ich mir selbst.
Gib mir das Gefühl,
Begehrt, statt allein zu sein.
Nimm mich dir
Und ich bin dein.

Dann ist alles vorbei. Das Puzzle setzt sich zusammen. Ich spüre den Kaltschweiß, die Überanstrengung meiner Muskeln, Kieferschmerzen, Hunger, Durst, pure Erschöpfung. Ich sehe wieder klar. Nicht nur mit den Augen, auch in meinem Kopf. Und lache mich aus, ohne genau zu wissen, wieso. Aber das war nicht ich, und das, was da gerade war, ist lächerlich gewesen.

Abhilfe schaffen, bevor sich das Puzzle auflöst – ein Trick:
1. Was sehe ich? 5 Dinge.
2. Was höre ich? 4 Dinge.
3. Was rieche ich? 3 Dinge.
4. Was schmecke ich? 2 Dinge.
5. Was fühle ich?

Im besten Falle, wie sich das Puzzle wieder zusammensetzt.

TRIGGERKAPITEL

Ich bin expressionssüchtig. Also bitte sprich mit mir und hülle dich in Schweigsamkeit, denn es geht um mich. Um MICH. Ich kann rennen und rennen und rennen und ich hole die Welt nie ein, und indessen dreht sich alles in mir schneller als die Erde, welche sich in diesem Kreisel des Wahnsinns wieder um mich dreht, aber nicht außerhalb, nicht dort, wo du stehst, und nur ich stehe innerhalb dessen und mir wird schwindelig und nicht einmal meine Expressionssucht genügt, um zu erklären, was in mir vor sich geht. Und dann zerfalle ich (ist der heutige Tag meine Halbwertszeit?) in Einzelteile und die drehen sich ebenso und ich flehe ihn an: »Picasso, setze mich zusammen!«

> „The world doesn't make sense, so why should I paint pictures that do?"
> *Pablo Picasso*

Aber da ist zu viel und zu viel Durcheinander, kein Miteinander, und zu viel Sich-Drehen und dennoch an selber Stelle stehen. Kein Durchblick, keine Chance, ich kann nichts mehr sehen, also bitte, sieh du mich, wenngleich nicht mal ein Künstler es kann, aber sieh mich nicht nur an. Sondern nimm mich an die Hand, füttere meine Sucht, beachte mich, ich verachte mich (schau mir dabei zu). Warum fragst du mich denn jetzt, wer ich überhaupt sei? Du solltest doch schweigen bei dieser Unterhaltung! Außerdem: Was weiß denn ich? Ich kann dir meinen Namen sagen und wann und wo ich geboren wurde, aber sag du mir doch bitte den Rest, denn schließlich habe ich dir soeben mein Leben präsentiert. Du weißt doch, ich bin expressionssüchtig.

Und ich will mehr sein als all die anderen, sichtbarer durch mehr Drama. Ich will die tiefsten Schnitte haben, den dünnsten Körper, ich will allen gefallen, mehr als mir selbst. Und ich will euch schöne, talentierte Frauen nicht hassen, nur weil ihr besser ausseht, mehr könnt als ich. Aber ich hasse euch dafür, verabscheue euch, versuche, euch schlechtzureden. Ich fühle mich bedroht, mache aus Freundschaft Konkurrenzkampf und füttere meine Komplexe mit eurem Anblick. Aber keiner schaut mich neidvoll an, ich mache mich lächerlich. Keiner, der mich wirklich liebt, würde mich mehr oder weniger lieben, wenn ich hübscher wäre oder talentierter. Aber wie soll wer mich lieben, der meinen Hass auf unschuldige, wundervolle Menschen kennt? Außer er wüsste, dass dieser bloß auf andere projizierter Selbsthass ist.

Und je mehr ich mir wehtue, desto mehr bekomme ich an den Kopf, an den verrückten Kopf geworfen, ich wolle nur „Aufmerksamkeit". Dieses Wort – die Wut tobt in mir!

Und je mehr ich mich präsentiere, desto mehr bekomme ich an den Kopf, an den aufgedonnerten Kopf geworfen, ich sei eine „Schlampe". Dieses Wort – die Wut tobt in mir!

Wieso versteht keiner meine Expressionssucht? Ganz gleich, wie freizügig ich mich kleiden mag, ganz gleich, wie sehr ich poussieren mag – ich will nur, dass du mich magst, dass ihr alle mich mögt und mir das Gefühl gebt, jemand zu sein. Mir vielleicht sogar erklärt, wer ich bin. Und je mehr ich mich all dem aussetze, desto mehr triggert es mich und ich muss noch mehr reinstecken.

REINSTECKEN. Ich bin keine Schlampe. Ich vermeide den Sex, aber ich drücke die Sehnsucht danach aus, die durch die Angst eben davor niedergehalten wird, sodass es nicht zur Auslebung kommt. Und dennoch präsentiere ich mich so, als wäre ich eine, obwohl ich das Wort hasse.

Wir sind abhängig von dem Wahnsinn, der sich Alltag nennt. Wo fängt er an, wo hört er auf? Wo entscheide ich und wo wird über mich entschieden?

Die Menschen klammern sich an das, was sie Alltag nennen. Der Alltag ist es, wofür sie leben, wofür sie scheinbar leben müssen. Dieser Alltag wird am Sonntag unterbrochen – der Sonntag als ein Brocken Poesie. Die Poesie ist die Ruhe, das Glück, welches sonst keinen Platz findet. Doch nicht nur der Sonntag ist Poesie. Auch Feiertage, Festlichkeiten – jeder Ausbruch aus dem Alltag. Poesie beflügelt, und um dieses Lebensgefühl in den Alltag einzubetten, sind die Menschen gläubig. Ihre Religion ist aber nur der Schein dessen, nie aber pure Poesie. Sie macht das Desaströse bloß erträglicher, aber niemals schön; dennoch greift der Mensch nach dieser Erträglichkeit des Alltags. Und betet.

Der tiefe Fall der Johanna d'Arc

Sie schwebte einst in Himmelshöhen,
doch Fall auf Schweben folgt.
Heute soll sie Karl den König krönen,
doch sie selbst nicht wie die Krone gold.
Liegt sie nun in Teufels Händen,
längst verlassen von Marias Heiligkeit.
Gefallen wie die Engelländer;
nicht durch des Schwertes Klinge,
vielmehr durch ihres Vaters Wort.
Verbannt die Jungfrau,
verbannt den Pakt mit dem teuflischen Weib.

Lasset uns nicht dort oben weilen,
nur Boden ist unser kostbar Land.
Auf jedes Schweben folgt ein Fall
- ihr geschah es durch ihres Vaters Hand.
Verspottet die, die fallen tief,
höret nicht auf den Teufel,
höret auf das, was Gott zu uns rief,
denn er sprach nie aus Johanna d'Arc.
*Angelehnt an: „Die Jungfrau von Orleans", Friedrich
Schiller, 1802*

Kennt ihr diese Menschen, die so viele Menschen kennen, dass sie niemanden kennen? Also so richtig meine ich. Und dann entsteht Einsamkeit, umgeben von Menschen.

„Sich scheinbar gemeinsam im Finden verloren"
Lilablau, Casper, 2011

Und dann entsteht Fremdsteuerung und die deiner selbst geht verloren.

»Bist du okay?«
»Nein, nächste Frage.«

Ich bin nun: bodenständig (doch ständig am Boden). Denn da, wo ich bin, bin auch ich. Und wenn ich allein bin, bin ich in guter schlechter Gesellschaft. Und trotzdem ändern sich Dinge, wenn andere Orte, andere Menschen einen umgeben. Und man selbst ändert sich auch. Zumindest solange man dort ist und mit denen. Doch sich zu lösen, löst nicht alles, und sich von allem lösen, das ist mir nicht möglich. Bedeutet das nun: noch mehr Identitäten? Wann wird sich das Bild jemals fügen? Wann werde ich nicht mehr lügen? Wann werde ich jedem – nur mit mir – genügen? Und auch mir. ICH BIN NUN GLÜCKLICH. Zumindest der dortige Teil von mir.

»Bist du okay?«
»Ich habe bloß einen schlechten Tag.«
»Davon scheinst du viele zu haben.«
»Ja.«

Setzen wir uns. Lasset uns munter parlieren über das Glück, im Allgemeinen und persönliches. Meine Glückszahl ist die Dreizehn, denn heute sind wir alle beieinander, dreizehn an der Zahl, und genießen dieses Mahl. Aber nur dieses eine letzte Mal.

Eins; Bartholomäus

Da sitzt sie und spricht als edle Jungfrau Gottes Worte. Johanna – welch ein Weib, umhüllt von Licht, welches auch mir Erleuchtung bringt. Ich – der König, der einzig Wahre – bin als würdig erklärt worden von Gott, einen Engel gesandt zu bekommen. Einen Engel, dessen Wille so stark wie tausend Heere, dass das Engelland fallen wird und Israels Blüte sich streckt zur Sonne*. Doch was wird geschehen mit frischen Knospen? Werden auch meine Söhne und Enkelsöhne sich friedlich nebeneinander der Sonne* strecken? Alles Erdenkliche werd' ich geben und noch viel mehr, damit auch einer friedvollen Zukunft nichts im Wege steht. Johanna werd' ich in den Adel heben. Johanna werd' ich vermählen, dass auch sie mir neue Knospen bringt, die tief verbunden mit Gottes Güte auf Israels Boden weilen. Allein ihr gottverankert' Herz soll sich legen in die Hände eines Mannes. Sie wagt zu widersprechen? O, wahre Jungfrau, die keinem Manne verfällt. Sie wird die Mutter Israels sein, die Mutter, deren Brust nur Gottesliebe gibt und mit der Gottesliebe dem Volke wie ihre Sprösse edle Herzen einverleibt. Sie bleibt standhaft sitzen an sechster Stelle, auf ihrem mütterlichen Flecke im Herzen der Tafel, umgeben von Blüten, die sich ihr, wie der Sonne*, neigen. Ich aber wachse heran zu einem Baum, dessen Rinde enthäutet werde.

Zwei; Jakobus der Jüngere

</3? :(! #<3 :)!

98

Drei; Andreas

Nagelt mich an das Kreuz und ich rette euch vor dem versehentlichen Suizid. Oder aber: Ich helfe nach bei unsittlichen Praktiken. Die du – Johanna – selbstverständlich nicht in Betracht ziehst, mit meinem Sohn zu vollziehen. Du bist keine Sünderin und noch hast du nur Augen für die falschen Männer, bist eine Grisette, doch die Dedikation meines Sohnes an dich wird mehr als Nervus Rerum sein (obgleich er gut situiert sein mag, indes ist sein wahrer Reichtum seine Liebe).

Vier; Judas

Dieses Weib ist nicht jovial, die ist nicht freundlich, und schon gar nicht ist ihre Art der Andeutung – nicht mal so könnte ich es nennen, denn die Offensichtlichkeit ist offensichtlich – ihrer Überlegenheit subtil. Machtdemonstration. Und das von einem Weib. Hier sollte Johannes sitzen. Wenn der nächste Tag anbricht, bricht der Machiavellismus an. Der Krieg ist eine Form der Kunst und diese Kunstform eine Notwendigkeit zum Thron. Machtdemonstration. Hier sollte nicht einmal Johannes sitzen und nicht Jesus. So habt ihr mich denken lassen im Gedächtnis der anderen? Habt mir meine Zunge abgeschnitten, welche teuflisch, aber durch deren Abschneiden dies nicht zu beweisen war? Wenn ihr mir den Stern auf Erden holt, so trage ich ihn zurück in den Himmel, aber aus eigenen Stücken und nicht durch Genozid. Machtkonzentration.

Fünf; Petrus

Penetration einer niederträchtigen, intriganten Sünderin. Eigentum des Mannes, des Herrn.

Tut Euch zusammen, um sie zu brechen. Rüstet Euch mit den Waffen eines Mannes. Untergrabt ihre scheinbare Macht, noch besser:

Steinigt sie!

Sex; Johanna d'Arc

»Messias, geehrt seien deine von Vernunft gearteten Bemühungen und die der Jünger. Doch verstehe, meine von dir begleiteten Gedanken bekunden mir, einen anderen Weg entlangzuschreiten. Denn was mich leitet, ist meine Natur, das, was mir innliegt. So denk; was nutzt mir die Ablehnung der Einfachheit, wenn diese zur Crux sich wandelt? Und was nutzt mir das Bühnenstück der Ehe, wenn die Liebe nichts als Lüge ist? Und sag mir, was nutzt mir das Wunder, wenn Natürlichkeit entrinnt? Ich sehe, das Ende ist nah, wenn Heimat vorausgeht. Sollen deine Worte mir den Tod bringen, mich zum Grabe meiner selbst führen? Wenn nicht ich die Zügel des stolzen Pferdes (für welches ich dem lieben Philippus höchsten Dank aussprechen mag) zu lenken vermag, so wird der Ritt ganz oben endigen mit mir unter der Erde, und wer tot dort liegt (selbst, wenn der Grabstein edel), der liegt dennoch unter allen in der Erde, in der die Bauern furchen. Und das Pferd kann zwar noch gelenkt, gewiss aber macht ein Ritt ohne Reiter nichts her und führt auch zu nichts. Messias, mit höchster Achtung bitte ich um Verständnis, aber zweifle nicht daran, dass mein Glück euer aller sein wird.«

Sieben; Jesus

»Johanna, o Johanna. Das ist dein Lei(b/d) für alle. Tut dies zu eurer Befriedigung! Diese Pein ist der neue Bund in deinem Blut. Tut dies, so oft ihr es fließen seht, zu eurem Genuss! Denn sooft ihr von diesem Elend euch bereichert, verkündet den Tod der Sünderin, bis er kommt.« *(Angelehnt an: 1. Korinther 11,24–26)*

Acht; Thomas

Und hier sitze ich als „Ungläubiger" und kann doch sagen: Dieses Weib ist das Transzendentale.

Neun; Jakobus der Ältere

Es schmerzt mir tief in meiner Brust, Ihre unerfüllbare, Ihre unerwiderte Lust in ihrer zu vernehmen. Dort sind Wunden umwunden von Männerhänden – sie sollen es festhalten, freilich ohne es zu erdrücken. Doch all die Männerhände reißen es heraus und hinterlassen eine nicht in Worte zu fassende Einsamkeit. Ich aber lese Ihre stummen Worte, Ihre stillen Schreie der Poesie, und ich trachte danach, Ihnen nun meine Hände zu geben, damit nicht der Himmel Ihnen reicht und Ihre Lüste stillt. Sehen Sie doch; Ihre Lüste sind es, die Sie einsperren in einer Glocke aus Glas, fernab der singend' Vögel, der rauschend' Winde, der tanzend' Sterne. Die Glocke zu sprengen ist indessen nicht des Todes gleich. Die Liebe ist nicht dem Tode gleich – sie vermögen es nicht zu verschmelzen, wie Himmel und Erde. Erkennen Sie die Gabe Ihrer weiblich' Brust, in der bloß das Herz in den Himmel schlägt und die Hülle in irdischer Schönheit als Menschennatur liegt. Werden Sie eins, aber werden Sie nicht mit all Ihren Stücken zum Tod. Gestatten Sie mir, Ihr Herz mit meinen Händen vom Boden zu pflücken und in Ihre Brust zu erheben.

Zehn; Philippus

Denn der Mann stammt nicht von der Frau, sondern die Frau vom Mann. Der Mann wurde auch nicht für die Frau erschaffen, sondern die Frau für den Mann *(1. Korinther 11,8–9)*. Ich aber als Feminist und Pferdefreund mache mich dir zum Nutztier. Und du, Johanna, wie du sprichst vom Ritt und mir deinen Dank erweist, so erweise ich dir die Ehre für Ritte ohne die Ehe. Dein Wille soll geschehen, so reite mich.

Elf; Matthäus

Wer seine Frau entlässt, obwohl kein Fall von Unzucht vorliegt, liefert sie dem Ehebruch aus (Mt 5,32). Denkt nicht, ich sei GEKOMMEN, um das Gesetz und die Propheten aufzuheben. Ich bin nicht gekommen, um aufzuheben, sondern um zu erfüllen (Mt 5,17). Meine Luft und deinen Körper, Johanna. Es liegt ein Fall von Unzucht vor. Du aber verhinderst, bevor es geschehe. Keine Ehe. Du allein bist es, die dich brechen kann, die dich brechen wird.

Zwölf; Thaddäus

Welch ein Wunder, welch eine gottgesandte Jungfrau! Sie schreitet voran, voller Stolz und Ehre. Sie schreitet voran, dass jeder Mann ihr folgt und folgeleistet. Ihre Heiligkeit war es, welche die Sünder auf die reine Seite zog. Ihre rettenden Hände führen uns in Gottes Arme, ihre wahrhaftigen Worte sind Gottes Worte, die aus ihr zu uns sprechen. Der Zionsberg schwebt in Himmelshöhen, und mit ihm, so soll ganz Israel schweben. Johanna, bescheidne Jungfrau – wen du zu retten vermagst, dem werd' auch ich Erbarmen erweisen. Lasset uns nach Frieden trachten und unser Vaterland lieben, um Johannas Bestreben zu verwirklichen. Sie hat gesiegt mit der Waffe ihrer Worte und wird wieder siegen mit der Waffe, welche ihre Worte ihr erkämpften: ein Heer der Überzeugung.

Dreizehn; Timotheus Zelotes

Am 13. Tag des 6. Monats trafen sich die 13 und die 6. Johanna d'Arc, niemals würd' ich deinen Worten lauschen, nur meine Lust berauschen. Du bist ein Objekt und nichts anderes, da, um die Lust zu stillen für andere. Und das ist keine Abwertung, das ist eine Feststellung. Was auch immer du schwafelst, so flehest du mich in Zweisamkeit doch dazu an, meine Hand auf deinen Mund zu drücken und dich zu unterdrücken. Mein Eifer treibt mich voran und in dich hinein. Und ich habe gesiegt – über die anderen elf, über dich. Du gehörst allein mir.

Sex und Religion haben ein ähnliches Maß an Macht über die Menschheit. Ich bevorzuge selbstbestimmte Macht.

ALTES KAPITEL

Ein Traum. »Ich liebe dich.« Ich kann ihr nicht antworten. Eine Realität. Ich bin wach, und ich könnte es immer noch nicht. Weiter zurück. In die Vergangenheit. Zu ihm.

Die auf ewig verborgene Präsenz. Über das Vierte hinaus – wie hätte ich das ahnen können, Timotheus Zelotes? Du wolltest mich immer besitzen. Und da standest du in der Nacht an meinem Bett, hast mich geweckt, aus meinem friedlichen Schlaf. Nur mich, nicht all die anderen Schlafenden, nicht unsere Freunde, und ich wollte es auch nicht. Ich hatte Angst, trotz der italienischen Hitze zitterte ich. Denn ich kannte dich, wusste, wie du bist und dass mein Aufwachen schon mein Ende war. Und du warst zwar leise, aber dringlich. Aber ein Versuch war es wert und zwei, drei, vier, fünf. Doch ein Nein – fünf Neins – nimmst du nicht hin, es hat keinen Sinn. Ich kenn dich, wenn du so bist, wenn du alles und jeden und mich und meine Gefühle vergisst, gesteuert von deinen Trieben, viel mehr: getrieben, als hättest du keine Wahl und die Macht über deinen Verstand verloren. Ich bin mit dir gegangen. Deine Finger glitten unter mein Oberteil auf meine Brust und griffen fest zu, sodass ich das Gefühl hatte, nicht mehr atmen zu können. »Nein, lass das.« Kaum zu hören, aber nicht überhörbar. Nur für die anderen. Hoffentlich wacht keiner auf. Wie sähe das aus? Ich hätte schließlich nicht mitgehen müssen, es ist meine Schuld. Jetzt stünde ich als die da, die betrügt.

Du hast mich über das Waschbecken gedrückt. Mein Schlüsselbein stieß an die kalte Keramik und meine linke Schläfe presste sich gegen den Wasserhahn. Ich habe gespürt,

104

wie sich meine heruntergezogene Schlafhose und meine Unterhose zwischen meinen Fußknöcheln spannten, ich spürte die Schmerzen an meinem Schlüsselbein und meiner Schläfe, meinen Rücken durch die Beugung, mein Zittern, meine Schreie, die aber einfach nicht herauskamen, weil die Angst sie zurückhielt. Meine Scham, meine Schuld, und ich spürte, wie du in mich eindrangst und wie es dir gefiel, mich nach vorn runterzudrücken, mich zu besitzen und die Kontrolle zu haben und dich selbst befriedigt zu fühlen. Als Nächstes weiß ich nur, wie ich am nächsten Tag wieder aufgewacht bin. In dem Zimmer mit den anderen Mädchen, als wäre absolut nichts gewesen. Und ich habe auch gelacht, als wäre nichts gewesen. Habe den Petrichor in meiner Nase genossen, in der Nacht hatte es gegossen. Nicht nur meine Tränen. Doch nun schien die Sonne* auf das feuchte Gras und meine sowieso verbrannte Haut. Und der See war wunderschön und wir alle mittendrin in dieser unendlichen Weite. Bleib nur weit weg von mir, du sollst mir nie wieder etwas antun können. Nie wieder. Doch all das Wasser an meiner Haut, auch wenn es so friedlich war, fühlte sich an wie eine Flutwelle alter Erinnerungen, die ich längst vergessen hatte. Alles war wieder da. Also trocknete ich mich ab und legte mich in die Sonne* und lachte und machte dumme, besoffene Späßchen.

Aber nach alt kommt neu und ich wusste, er würde es hassen, mich mit wem anders zu sehen. Ich wollte ihm zeigen, dass ich nicht ihm gehöre, und mir selbst zeigen, dass ich die Kontrolle habe. Nur ein kleiner Flirt. Und noch einer, noch einer, noch einer. Es fing an, mir Freude zu bereiten, ich hatte die Kontrolle zurück und das Gefühl sexueller Selbstbestimmung. Kontraphobisches Verhalten. Und der

Versuch, das, was zuvor passiv als angstauslösend erlebt wurde, nun aktiv zu wiederholen, um das erträgliche Maß der Erregung selbst zu bestimmen und die Angst zu reduzieren, gelang. Viel mehr sogar: ICH GENOSS ES, so sehr. Und daraus wurde sogar mehr. Ich erzählte dir, was er mir angetan hatte und dass ich dich ehrlicherweise nur benutzte, um etwas zu spüren und zu verdrängen. Aber du hast dich nicht von mir abgewandt, im Gegenteil. Und du, du warst anders als all die anderen Männer. Und das bist du heute noch. Aber das ist lange kein altes Kapitel mehr.

KAPITEL NACH DEM HALBEN

Der Rest der Welt IST existent. Es ist irrelevant, ob ich es Liebe nenne. Es war vorbei. (Aber nicht) für immer. Denn wir sind dumm mit einem Hang dazu, so etwas wieder zu tun. Und ja, ich will mich an dir anlehnen, wenngleich ich dich ablehne. Das Déjà-vu einer Sommerromanze. Sich zwei umschlingende Junkie-Aphroditen, kaltherzige Rebellinnen, aufgetaut von der warmen Sommersonne*. Wir hatten beide ein Auge für die Ästhetik, aber hinter meinen Augen lauerte Hässliches.

Daseinsschein
Die Ästhetik ist demnach bloß eine Daseinsform,
lediglich die reine Existenz von etwas,
das wir augenscheinlich wahrnehmen.

Ich konnte das nicht mehr. Alles eine einzige Lüge. Nein, ich kann das. Ich mache weiter. Aber auf Distanz, in meiner eigenen Welt. Kurzfilm (und wir sind die Filmemacherinnen), alle Bilder in Sekundenschnelle (und Schlag auf Schlag, denn wir ruhen nicht, zumindest nicht gemeinsam): Auf Pferden durch Wälder fetzen, Männer mehr verkohlen als beglücken und die Kohle dennoch einstecken, ausgeben, einstecken, ausgeben. Uns ausleben. Flaggen in den Himmel halten, uns nicht wie gute Mädchen verhalten. Provokation immer und überall. Mutig mit innerer Angst skateboarden, schneller weiter, aber bitte ohne hinzufallen, mehr Tinte unter die Haut, mehr Party, mehr laut. Mehr Konsum und Porno. Aber bloß ästhetisch.

Rotes Licht, lingerie AND anxiety. Eine Line von meinem Arsch für dich, Mademoiselle, und eine für mich von deiner Brust. Spiele die Lust. Für die Kamera. Ich mach's dir recht, ich mach auf echt. Doch alles daran ist falsch, doch hat alles seinen Preis. Und das Material ist die pure Ästhetik, abstreiten kann ich das nicht! Zwei Frauenkörper, sich langsam, sanft bewegend, erregend. Haut auf Haut, Lippen auf Lippen, atemberaubend. Dieses Licht, diese Langsamkeit, psychotisch erotisch. Hände, über Kurven gleitende Fingerkuppen, Strapse und Masken. Das letzte Mal Chemie. Zwischen uns und auch die in meiner Nase, die meinen Rachen hinunterlaufende.

Trotzdem höre ich es ihn sagen
Nie wieder woanders.
Nicht ohne dich, nicht ganz allein,
nie wieder einsam sein.
Denn es tut gut,
schlucken Pillen, Wein und Mut.
»Du machst das gut!«
Serotonin fließt durch mein Blut.

Du bist eingezogen (in mir), ich habe eine Line gezogen (in mich). Doch von den vollen Nasen hab ich die Nase voll. Denn trotzdem hörte ich es ihn sagen – ganz still, dennoch quälend. Und trotzdem konnte ich nichts sagen – nicht dir, denn bei dir geht es mir gut. Bei dir bin ich geheilt, hab mir Gramverbot erteilt. Und andere Verbote gebrochen – dreizehn ist eben doch eine Unglückszahl (natürlich glaube ich daran gleichermaßen viel wie an Gott, aber ich glaube ans menschliche Gedächtnis und dessen impliziertes logisches Denken).

Aber es ist ja alles gut, ich habe dich, wir uns, also geht es mir gut. Das seht ihr doch alle, nicht wahr? Was habe ich mir bloß vorgemacht? Welch eine Verdrängungsstrategie. Auch schon vor IHM. Aber es reicht, ich kann das alles nicht mehr. Es kann kein Uns mehr geben. Und du wolltest reden, ich aber schweigen. Denn auch wenn du kein Mann bist, kann ich nicht mit dir schlafen. Es geht einfach nicht, auch wenn das meine Hoffnung war. Und das wurd' mir so spät erst klar. Ich muss blind gewesen sein und dumm und sowas von high und berauscht. Berauschend. Nicht. So stark bin ich nicht. Es kann nicht plötzlich alles gut sein, bloß weil Verliebtsein Freunde bereitet.

„War keine Liebe, nur verliebt darin, verliebt zu sein."
230409, Casper, 2011

Doch es bereitete keine Freude mehr, ich fühlte mich schwer und der Höhenflug kehrte sich ins Gegenteil. Ich kann euch allen nicht mehr beweisen, wie sehr ich mein Leben im Griff habe, erst recht nicht dir und nicht so. Denn ich bin kalt geworden und stecke in einer nie dagewesenen Stagnation. Ich kann nichts tun, außer dich wegzustoßen, und in diesem Falle nicht, um die Nähe nach der Distanz intensiver zu spüren, ich wollte sie einfach wegstoßen, weit weg. Auch die zweite Hälfte ist nun vorbei. Ich bin gegangen. Und konnte wieder atmen. Und anfangen, ehrlich zu sein.

KONSUMKAPITEL III

O, welch amüsanter Abend, welch Köstlichkeiten, welch hoch intellektuelle Unterhaltungsprogramme. Ich werde mich noch totlachen, nur längst nicht mehr lachen, wenn ich im Sterben liege. Amüsante Absurdität. Sich bewegende Kreise, bunt, leuchtend, sich zu Dreiecken wandelnd, euklidische Geometrie, Sinus, Cosinus, Tangens, Tanga – zu eng sitzend. Was ist, wenn ich mich erbrechen muss? Leg dich auf die Seite, dann erstickst du nicht. Wollte ich nicht kürzlich noch sterben? Bitte, holt Hilfe. Nicht mal meine Lippen bewegen sich, nicht mal ein Flüstern, dabei will ich schreien. Fuck! Nein, hier und so soll es nicht enden. Was ist mit all den Menschen, die mir etwas bedeuten? Sie wollen das sicherlich auch nicht. Wo sind die leuchtenden Farben hin? Das Dreieck wurde zum Viereck, zum Fünfeck, zum Jetzt-weg. Sie setzt sich neben mich, prüft, ob es mir gut geht, aber für sie schlafe ich friedlich. Dabei sterbe ich gerade und in meinem Kopf ist Chaos. Ersticke bloß nicht an deinem Erbrochenen. Obwohl, die Übelkeit ist nun verschwunden. Als ich noch nicht lag, als ich noch stand, habe ich mich schließlich schon übergeben. Schlaf bloß nicht ein. Denn da sind Stimmen, Engelsstimmen, die rufen meinen Namen. Und flüstern grauenvolle Dinge wie Jubellieder. Wenn ich jetzt einschlafe, holen sie mich. Doch ich bin so müde, so verdammt müde. Meine Augen sind schon lange zu, auch wenn Zeit keinen Sinn mehr ergibt. Aber ich denke, lange. Sie gehen nicht mehr auf, genau wie mein Mund zum Sprechen, und bewegen kann ich mich auch nicht mehr. Was soll nun meine letzte Erinnerung sein? Mein ganzes Leben zieht in

110

Sekundenschnelle an mir vorbei. Gleich schlafe ich friedlich ein. Ohne gekämpft zu haben. Welch eine Schande nach all den täglichen Kämpfen. Alles kommt mir so sinnlos, so verschwendet vor. Mein Leben sollte doch jetzt besser werden. Ich habe mich NAHe zu TOD gelacht. Und dabei mag ich nicht mal Schokoladenmuffins.

VERMARKTUNGSKAPITEL

Der kybernetische Raum (Kybernetik – welch eine absurde Doppeldeutigkeit, mein verehrtes Evangelium) ist wie ein Umkleideraum, in dem ich mir eine Verkleidung anziehen oder mich auch verkleidet entkleiden kann. Ich kann in alle Rollen schlüpfen. Ich kann die Person sein, die ich immer sein wollte, aber ich kann auch die Person sein, die ich einfach nicht sein kann. Mein Gegenteil. Die ich nicht sein kann, weil mir Ängste im Weg stehen oder andere Dinge. Aber hier steht mir alles offen. Ich bin sozusagen eine virtuelle Mimin und virtuell mache ich meinen Job verdammt gut.

Das Nacktsein ist keine sexuelle Handlung. Es ist Demut. Es ist allumfassend und dennoch fasst es einen allein, ohne alle. Es sind die anzutreffenden Menschen, die bestimmen über nackt oder nicht. Es ist nicht nur die Masse, in welcher Nacktsein falsch ist. Ganz oder gar nicht. Denn wir verlaufen uns: Ungewissheit, wohlgemerkt nackt: Gewissheit. Wir verlaufen uns stehend, nicht laufenderweise. Zwar bekleidet, aber auch ent-. Und es ist nicht mehr das Schlafen selbst, was Schlaf bringt. Es ist DAS Schlafen. Miteinander. Weil allein sein erschöpft und den Schlaf somit aufhebt. Sex ist das, wobei wir den Anderen weitaus mehr beherrschen als uns selbst. Wollen wir Weltmacht, bedarf es Sex mit der Welt. Aber es wäre Suizid. Verlust des Selbst. Weil wir zwar Macht über die Welt hätten, aber die Welt auch über uns. Und sie ist größer.

Ihr seid gierig, hungrig, durstig. Ihr nach Körper, ich nach Geld. Ein wenig auch nach eurer Gier. Ich mag es, begehrt zu werden.

„Save me."

„Jpg or png?"

Generell: Masturbation ist mir lieber als Sex. Das ist entweder Narzissmus oder Trauma oder Depression oder das bin einfach ich. Liebe und sexuelle Lust haben für mich sowieso nichts miteinander gemein (aber ich lasse mich gern eines Besseren belehren, lediglich gegenwärtig noch nicht).

Deshalb: Lustbefriedigung anderer durch Lustbefriedigung meiner selbst, dennoch ohne Sex, ohne Körperkontakt, ohne sich zu kennen oder gar zu lieben. Und Action. Fünf Minuten tun meine Finger einfach das, was sie sowieso jeden Abend tun, das Gestöhne vielleicht ein wenig übertrieben, der Orgasmus dennoch echt. Schnelle Befriedigung, schnelles Geld, was will man mehr?

O, mein Liebster, ich habe dich belogen. Du bist es nicht, du warst es nie, hast vergebens Frau und Kinder betrogen. Ich vergebe Vergebung. Dein Herz zum Rasen gebracht, dein Glied zum Pulsieren, allein die Wahrheit: Es würde alles implodieren.

Wenn du dachtest, ich sei es, die dich begehrt, dann kann ich dir sagen: Ich begehre deine Gier nach mir.

Doch ich verabscheue, dass du mich liebst und wie du denkst, ich würde auch nur im Geringsten so etwas für dich empfinden. Und ich verabscheue mich selbst. Weil ich nicht meine Seele an den Teufel verkaufe, sondern ich selbst der seelenlose Teufel bin, der seine Lügen (und seinen Körper) an alte, naive, einsame Männer verkauft. Ihr Preis ist Papier, meiner der Gedanke an dessen Gier und wie sie sich auf mich einen runterholen.

In den Augen der einen: Prostituierte, in denen der anderen: eine Heilige – das Objekt der Begierde (aber dennoch Objekt) an der langen, einseitig besetzten Tafel; dennoch nicht eure letzte Köstlichkeit, denn ihr seid unersättlich.

Verzeih mir auch dafür, Daddy – ich war ein böses Mädchen. O, entschuldige, ich meinte: Verzeih mir auch dafür, Vater – ich habe gesündigt.

KAPITEL DER UNZUCHT

Hebräer 13, 4: *Denn Unzüchtige [...] wird Gott richten.* Ich füge mich meiner Züchtigung, denn nichts kann mehr Strafe sein, als mich weiterhin selbst zu strafen. Der Akt war immer mehr Qual als Lust, eher Schmerz und Frust. Doch meine Unzucht hat mich gelehrt, dass Reue fehl am Platze ist, wenn der Beischlaf aus Lust entsteht und in manchen Nächten nur bedeutet, gemeinsam einzuschlafen ohne Rituale, ohne Reminiszenz, ohne Gewissensbisse. Die Objektfixierung meiner selbst gegenüber würde mich richten, richtete mich jeden Tag. Gott dagegen ist harmlos. Auch die Konditionierung – sei es die Bibel oder die Notzucht – kann zumindest geschwächt werden durch Gesten der Würdigung meiner PERSON. Als Mensch, denn ich muss nicht Gott und Gesetz genügen oder vehement das Gegenteil tun. Ich muss nicht seine Söhne vergnügen und dennoch Buße tun. Ich muss mir genügen und mich wahrhaftig vergnügen. Dafür werde ich mich nicht exkulpieren vorm Jüngsten Gericht.

Serie die Erste.

> „Crying and being turned on don't usually come together."
> *White Lines*

Zuvor muss ich immer im Inneren (manchmal auch heimlich und leise äußerlich) geweint haben. Bei dir nicht. Bei dir habe ich Lust verspürt, und zwar nur Lust. Keine Lust auf

Selbstzerstörung, keine Lust auf Schmerzen, auf Opferrolle, keine (Selbst-)Mordlust.

Serie die Zweite.

> „Fast women and slow horses will ruin your life."
> *Peaky Blinders – Gangs of Birmingham.*

Der Rücken des Pferdes trägt die Reiterin, wohin sie mag, doch ich hingegen bevorzuge Missionar. Trage mich nicht fort. Ich will hier sein, bei dir. In der schrecklich schönen Realität. Und ich will mir Zeit lassen und nicht mein eigenes Leben ruinieren. Und du gibst mir Zeit und wir lassen sie uns. Manchmal bleibt sie sogar stehen und plötzlich ist der nächste Morgen (und plötzlich war Schlaf keine Flucht mehr, sondern Obhut). Stunden über Stunden sind vergangen. Ich habe vergessen meine Sorgen, fühlte mich wohl und geborgen. Und ich hatte gelächelt, sogar schrecklich gelacht. Wir haben Juxe und Mahle gemacht. Und das einige Male.

> „Willst du dir dein Leben ruinieren mit mir?"
> *Leben ruinieren, Kraftklub, 2017*

Ich muss mich bessern.

> „Wollt' immer für dich ein viel besseres Ich sein, bloß all diese Dämonen fühlen sich zu Haus.'"
> *Lux Lisbon, Casper, 2013*

Rausschmiss. Zumindest haben nun einige dieser Hausverbot. Strikt. Untersagt ist der Tschick. Untersagt sind

die Rauschmittel. Bekomm dich und dein Leben in den Griff.
Sei kein langsames Pferd.

Someday, I will travel the world with someone I love. But first I
wanna travel and fuck you in every city we go.

Serie die Dritte.

> „I think you're damaged, delusional and believe in a
> higher power. In your case, it's yourself. And
> somebody loves you."
> *Sherlock Holmes.*

Spielen wir nicht alle unsere Spielchen? Wir sind bettelnde
Hure und selbstverliebter Aufreißer. Aber wenn wir allein
sind, überholt uns der dahinterstehende, der darin steckende
Schmerz. Mein oberflächlicher Eindruck deiner Person hat
mich vollkommen getäuscht – wie konnte ich das übersehen?
Wo ich doch so häufig richtig liege. Ich bin eben kein Genie
(dich halte ich aber durchaus für sehr intelligent, was in
meinen Augen unheimlich attraktiv ist). Maybe you do not
REALLY believe that the higher power is yourself. Aber dass
du mich das hast denken lassen, all das, hat mich erst dazu
veranlasst, meine Spielchen zu spielen. Wollt dir gefallen,
solltest mir verfallen. Wollt' doch bloß Affirmative und mich
selbst wieder fühlen. Ein kleiner Seitensprung, nachdem
mein Nein erneut überhört worden war. Gleiches mit
Gleichem bekämpfen. Selbst die Macht darüber haben, was
mit meinem Körper geschieht. Nicht genommen, besessen
werden, sondern mir selbst nehmen, um die Begierde zu
spüren, die ich so verabscheue und dennoch so sehr brauche,

117

um mich nicht selbst zu verabscheuen. Es ist ein Fluch und ich kann es nicht lassen, kann sonst nicht aufhören, mich selbst zu hassen. Aber wenn wir allein sind, überholt uns der dahinterstehende, der darin steckende Schmerz. Vielleicht sind wir gemeinsam allein, versinken in Liedern, die einen Platz in meinem Herzen tragen.

„Wir sind passiert, bevor wir wussten, was passiert."
20qm, Casper, 2013.

Arm in Arm und Hand in Hand lässt du mich fühlen, wie sonst nur die Musik es tut. Und wenn ich es schon tausendmal gesagt habe und noch tausendmal sagen werde: Danke. Ich habe dein Spiel analysiert, deine Fassade. I think you're damaged but somebody REALLY likes you. Mehr weiß ich nicht. Frag mich nicht, was genau das ist. Mit uns. Falls es überhaupt so etwas wie ein Uns gibt. Zumindest mehr als zuvor, als das Uns noch mir und ihr hieß. Aber mit dieser Beendigung endet auch die Unzucht. Nun ist es mir gestattet, das mit dir, mit mir und ihm; gesündigt hatte ich dennoch.

Frühling

Menschenkörper treiben in der Luft; oder
bin ich es, die bloß fällt,
verloren in einer Welt und nicht mehr als Cruft?
Menschenhände stecken in meiner Brust; oder
bin ich es, die bloß wieder fühlt,
beinahe aufgewühlt und
es ist nicht mehr (aber auch nicht weniger!) als Lust?
Sind die Körper gelandet

oder wurd' ich aufgefangen von dir?
Hat meine Kälte sich gewandelt?
Denn ich bin ausgegangen mit dir.

Serie die Vierte:

„A great man once said, everything is about sex. Except sex. Sex is about power.“
House of Cards.

In einer sexualisierten Welt wird Sex zur Waffe. Wer sich den Sex zu Nutze macht, kontrolliert diese Welt. Ich habe mich kontrollieren lassen, unterworfen, und dennoch wurde mir die Hurerei vorgeworfen. Doch du hast all das umgeworfen. Meine Interpretation umgeschrieben. Beim Sex geht es noch immer um Macht. Aber nicht die, die mich kontrolliert oder auch nur zu kontrollieren versucht. Es geht um die Macht der selbstbestimmten Lust. Die Macht, mich wohlzufühlen, loszulassen, das Gefühl zu genießen, anzufassen und angefasst zu werden.

Ertrag mich und ich ertrage mich
Als ich mir selbst unerträglich ward,
schmerzend die Ohren
von den Schreien der Stille
und in leichter Leere
erdrückt von dessen eigner Schwere
und geblendet blind von der Dunkelheit,
wollt ich wieder plaudern, fühlen, sehn.
So ging ich nun zu dir,
um dich anzuflehn ohne Worte:

119

»Bitte (er)trag mich und mein unerträgliches Ich.«

Aber wohlmöglich ertrage ich es nicht, dass du mich nur erträgst, ohne dasselbe für mich zu fühlen wie ich für dich. Und wohlmöglich ist das der Grund, weshalb es nie ein Wir geben wird und ich jetzt Mut haben muss. Ich möchte, dass du es weißt, aber ich möchte es dich nicht wissen lassen. Doch mir mein eigenes Herz zu brechen, wirkt immer noch angenehmer, als wenn er mir zuvorkäme. Und deshalb müssen manche Geschichten mittendrin enden.

Ende.

Aber nur für uns und leider nicht für mich. Denn die Sehnsucht nach deiner heilenden Liebe ist ironischerweise eine Form des leidvollen Schmerzes.

It is what it is: a broken heart
Falsch gedacht.
Was habe ich mir vorgemacht?
Gebrochenes Herz
Ist gebrochenes Herz.
Und unendlicher Schmerz.

Und hier war sie nun: die Strafe Gottes. Unzucht ist und bleibt nun mal Unzucht und wird niemals Liebe sein und die Züchtigung bekam ich zu spüren. Ich habe schon viel Schlimmes erlebt, viel Schlimmeres als das. Aber vielleicht habe ich zuvor noch nie so etwas Gutes verloren.

Stay
I can lose fucking everything.
But not you,
o god, not you.
But I did.

Deshalb verlor ich überdies mich selbst, so sehr, wie lang zuvor nicht mehr. Da war nur noch Pein und Kälte und Dunkelheit und Tränen und Blut und Müdigkeit. Ja, meine reine Existenz ward fatiganter denn je. Nichts von dem, was ich wieder tat (obwohl ich es nie wieder hatte tun wollen), schmerzte aber auch nur annähernd genug, um den Schmerz des Verlustes zu übertönen. Aber wenn ein Künstler dich liebt, dann stirbst du nie.

„Sex and art are the same thing."
Pablo Picasso

Ertrunken im Wasser der Aquarelle
O Kunst, dir ich verfall,
Mein edler Kristall,
Gepresst aus Verfall.
O Kunst, du dich kümmerst,
Ich abtrünniger Sünder,
Gemacht aus Trümmern.

Anstatt durch Galerien und Museen zu schlendern, laufe ich durch Einkaufszentren, um mich in billige „Kunst" zu hüllen. Das ist die: Realität. Was ist die: Flucht?

Wir Künstler sind ungemein intolerant der Realität gegenüber.

Faszination. Imagination. Vision. Bereits vor dem aufBLASEN platzende Ballone. *peng!* Zurück: *¡gnep.* Aufsaugend. (Warum heißt es dann blasen?) Ich schließe die Augen, berauscht von der Luft (vielleicht ist es ja Lachgas?) laufe ich durch die Eingangstür. Vorn – wie es sich gehört – wird bezahlt.

„It's a rich [wo]man's world."
Money, Money, Money, ABBA, 1976

Der Flur könnte (nein, er tut es sogar) von Kindern „gestaltet" sein. Eine beinahe grässliche Reizüberflutung von: gelben Sonnen* mit Gesichtern und Sonnenbrillen (Selbstschutz, sehr klug), rosa Einhörnern, grünen

Froschkönigen, Rittern in silberner (na ja, vielmehr grauer) Rüstung, Häusern mit Strichmännchen – nein, manche haben auch kreisrunde Bäuche (das ist ja hier keine Anorexie-Promo!) und es sind auch Frauen dabei (das ist hier ja kein Sexismus!). Häusern mit MENSCHEN (und Menschinnen) of every body type, Bäumen, Wolken, Blumen, blau, orange, rot und zig „Hallo? Man sieht doch, dass das ein Affe ist!" – Kreaturen. Peinlich, das an MEINER Stelle nicht zu wissen, schließlich bin ich die Künstlerin, die Erschafferin des Ganzen. Der reinste Drogentrip. Aber immerhin ein: *good trip*. Erste Tür. Linke Seite. SELF HARM. Ein winziger Raum (so wie alle, woher kann ich das bloß wissen, wenn ich erst durch die erste Tür gegangen bin?). Dass alle Räume gleich groß, Pardon (jetzt bin ich wohl ein gehobenes Mitglied der – oder einer, ich weiß es nicht – scène artistique; o, ich scherze bloß) gleich klein sind. Diesen Fakt kann ich erst nach der Ausstellung teilen, somit: Weiter mit Raum 1, links. Alles voll mit Bildern im DIN-A4-Format. Aquarellpapier, Aquarellfarben, keine ordentliche Linienführung, keine ordentliche Flächendeckung, mehr lückenhaft, unsauber und so, als wären alle Bilder wie in einem Wahn in Eile und krankhaft angefertigt worden. Überall zu sehen: Frauenkörper, nackt, blutverschmiert, offene, klaffende Wunden. Alles in Schwarz, Weiß, Grau und Rot. Rote Beleuchtung, ein Horrorfilm an vier Wände gepresst, bedrückend. Rote Decke, als würde jeden Moment Blut heruntertropfen, aber das tut es nicht. Grauer, von den Schuhen der Museumsgänger dreckiger Teppichboden. Zurück in den Flur. Noch absurder als am Anfang. Fassungslosigkeit. Erster Raum, rechte Seite. ANXIETY. Weißer Raum. Kaltes, grelles Licht, leicht flackernd, weder überseh- noch überhörbar. Kohlezeichnungen an den Wänden. Körper aus hunderten, tausenden von Strichen, ganz wirr und unstrukturiert, vor allem die Physiognomien oder das, was über dem Hals zu erahnen ist. Selbst auf dem weißen Boden, doch da verschmiert, kaum definierbare schwarze Kohleflecken. Wieder der Flur. Zurück nach links, eine Tür weiter. RELIGION. Warmes Kerzenlicht, runtergelaufenes Wachs und dessen Duft, Kirchenfenster ohne Durchblick, Wände dahinter. Glaskästen mit Plastikmenschen drin, deren Hände gegen die Wände drücken. An ihren Füßen: Plastikköpfe und Plastikwaffen. An der Decke die Symbole der fünf großen Weltreligionen in einem Kreis. Geräusche von Schüssen, als wären die noch weit weg, aber nicht weit genug, um sie zu überhören. Wieder im Flur, warum muss man auch immer wieder hierhin? Zweite Tür auf der rechten Seite. CONNECTIONS. Hier Stille. In der Mitte ein Herz und ein Hirn, von der Decke hängend, darunter ein hohes schmales Gefäß mit einer roten, blutähnlichen Flüssigkeit, ein kleines Schild „0-negativ" (was nicht meiner Blutgruppe, indessen meiner Perspektive und der Realisation all dessen entspräche). In zwei gegenüberliegenden Ecken jeweils eine Menschenfigur, die eine aus Stacheldraht, die andere aus Watte. An der Decke alles verbindende rote Fäden. Dasselbe Spiel again, durch den Flur in Raum 3, links. So langsam wird es anstrengend. VIRTUAL REALITY. Gegenüber vom Eingang ein riesiges Fenster, dahinter allerdings die Wand, durchs Fenster scheinen bloß grelle LEDs. Verschiedene Klingeltöne aus verschiedenen Richtungen. Die anderen Wände dunkelbraun, in der Mitte ein alter brauner Stuhl, auf dessen Sitzfläche ERROR steht, von der Decke hängen Stricke und zahlreiche

Handys. Schnell raus, schnell durch diesen absurden Flur, hinein in den dritten Raum auf der rechten Seite. OVERTHINKING. Flüstergeräusche. Sonst ein leerer Raum, „normales" Licht. Bloß die Wände vollgeklebt mit Zetteln, darauf sämtliche Gedichte, Notizen, Wortfetzen. Wortfetzel. Wortgemetzel. Zum Beispiel:

Geflügeltes Wort

Wo Fingerkuppen sich berühren

Nur fast, nie ganz,

Möcht ich die Flügel spüren

Und den blutbefleckten Glanz.

Wer ist wie Gott?

In diesem Bilde nur ein Engel,

Doch in der Lücke der Verkünder.

Meine Finger nur die Sünder.

Und dennoch Gott, nach dem ich rufe.

Schöpfung ist meine Lust.

Auf dem Boden weiße Fliesen, ebenso an der Decke. Raus. Flur. Die vierte und somit letzte Seitentür auf der linken Seite. BULIMIA NERVOSA. Der Duft von Schokolade, der in diesem Kontext allerdings noch mehr den Magen verdreht. An der Decke und am Boden Spiegel – der am Boden allerdings dreckig von Schuhen. In der Mitte eine Toilette, gefüllt mit nackten Barbie-Puppen. Davor hockt eine Skulptur, welche sich zwei Finger in den Hals steckt. Die Wände beklebt mit Bonbonpapier. Schnell in den letzten Seitenraum. Wieder auf die rechte Seite. PTSD-LSD. Seltsam gedämmte Party-Mukke, vielmehr nur Bass. Doch zwischendurch Schreie oder Atemgeräusche. Ein zweigeteilter Anstrich, auf der einen Seite schwarz, selbst Boden, auf der anderen Seite weiß. An den schwarzen Wänden Geldscheine (wohlgemerkt kein echtes Geld), bunte, sich bewegende LED-Lichter, ein bunt bemalter Spiegel, darunter eine Kommode mit einem Glas mit bunten Pillen darauf. Überall auf der Kommode bunte Handabdrücke. Die weiße Seite: Löcher in den Wänden, gegenüber der Kommode genau die gleiche, aber in dem Glas Kondome und die bunten Handabdrücke hier schwarz. Der Spiegel ebenfalls der gleiche, aber nicht bunt, sondern schwarz bemalt. An den Wänden schwarze Damenslips, aus denen „Blut" die Wand runterläuft. Auf dem Betonboden in die schwarze und weiße Richtung der gleiche Frauenoberkörper, spiegelverkehrt gemalt. Doch mit verschiedenen Gesichtern, in verschiedenen Farben. Ein letztes Mal zurück in den Flur. Einen Kloß runterschlucken, Entsetzen und Verstörung zugleich. Nun weder rechts noch links, einfach dem Flur folgen durch eine Tür, gegenüber vom Haupteingang sozusagen. Hier findet man Ruhe, einen Bezug zur „Realität". Dort befindet sich eine kleine Bühne aus Holz, die Wände sind zwar schwarz, aber dort hängen umgedrehte, getrocknete Rosen und verschiedenste Flaggen der Regenbogenfamilie. Ein Raum der Akzeptanz, der Kunst, der schönen Künste. Hier finden Dichterwettstreite statt und kleine Konzerte und Veranstaltungen. Hier scheint Tageslicht rein, denn es gibt endlich Fenster und frische Luft und dort auch eine Ausgangstür. Rechts befindet sich ein Stuhllager hinter einer Tür, links grenzt ein Wintergarten an mit ein paar Tischen und Stühlen und einem kleinen Café. Hier kann man Getränke bestellen und Kuchen und herzhafte Kleinigkeiten.

Dieser Spaziergang durch meinen Kopf war: ein poetischer Porno; feucht, pulsierend. Eindringlich in mich eindringend, es ist dringend. Erfüllt mich, Worte Gottes, Bilder des Himmels und ich gebe mich euch hin. Erfüllt meinen Körper, meine Seele. Explodiert in mir, bis mein Hauchen die Engel kitzelt, mein Stöhnen sie weckt und mein Schreien ihre Ohren bluten lässt und mein Herz stillstehen. Verzeiht mir, Engel, aber ich bin höher geflogen als ihr. Ich habe euch unter mir gelassen, so wie er, als er mich fliegen ließ.

Ich bin vertieft in das Nichtverstehen. Nicht Unverständnis, denn ich verstehe dich ja – die Sonne*, der weibliche Körper, Philosophen, Verbrecher, Künstler. Aber ich begreife, verstehe die Zusammenhänge deiner Worte und all dessen nicht; habe bloß meine eigenen.

„Mindfuck me harder."
Shakespeare (vielleicht auch nicht Shakespeare)

„Nach unzähligen Flugreisen hatte Rudolf – eigentlich in Fortsetzung seiner Meditationen über das Jüngste Gericht – den Begriff der sekundären Nacktheit geprägt, in der sich die Reisenden am Rollband noch befanden. Beim Start und am Check-in ließen sie ihre Koffer mit der Begeisterung und Erleichterung fahren, die man in anderen Situationen nur beim Ablegen der Kleidung verspürte."
Schlafende Sonne, Thomas Lehr, 2017

Wir wollen die Sonne* nicht wecken, wir rauben der Depression nicht ihren Platz (obwohl sie schon scheinen könnte, wenn wir ostentativ eine Flugreise antreten, anfliegen, so VERKEHREN). Dennoch: Die Begeisterung, die Erleichterung beim Auf- und Abgeben der Koffer ist hier wohlgemerkt lediglich eine tertiäre Nacktheit. Die tatsächliche, physische Nacktheit des menschlichen Körpers mit seinen primären und sekundären Geschlechtsteilen (so VEREHREN, so VERKEHREN) ist hier die sekundäre

Nacktheit. Primär geht es doch darum, was es bedeutet, sich primär nackt zu machen, oder was das Gefühl des Fallenlassens der Kleidung sogar noch übersteigt. Nackter als nackt also. Das ist, wenn ich dir nicht nur mein Äußeres entkleidet zeige, sondern mein Inneres (wir reden hier etwa nicht vom

„Flug [als] eine Art Geschlechtsverkehr mit der Luft"
Schlafende Sonne, Thomas Lehr, 2017

(bei dem ich IM Flugzeug sitze), oder dem Spreizen meiner Beine (wodurch du mit deinem Penis IN MICH EINDRINGEN kannst). Wir reden vom Reden und davon, dich in meinen Kopf zu lassen, in alle Ecken bis hin zu meinen tiefsten, versteckten, dunklen Gedanken. Die wahre, primäre Nacktheit. Und nun schlafe weiter, und wenn du wieder aufwachst, dann sind wir gelandet.

„If life fucks you hard, just moan."
Charles Dickens (vielleicht auch nicht Charles Dickens)

Guten Morgen, Italien, ich bin IN DIR!

„Was ich von Gemälden gesehen, will ich nur kurz berühren und einige Betrachtungen hinzufügen. Ich mache diese wunderbare Reise nicht, um mich selbst zu betriegen, sondern um mich an den Gegenständen kennenzulernen."
Italienische Reise, Johann Wolfgang von Goethe, Erstveröffentlichung: 1816

131

Ich mache diese wunderbare Reise, um mich selbst zu befriedigen, um IN Italien Italiens Gegenstände IN MICH zu lassen und mich daran kennenzulernen. Und was ich von Gemälden gesehen, das berührt mich auch noch lang, meine Betrachtungen sind meine Lust, die ich der Kunst hinzufüge.

Das Gemälde des Pornos
Die weiblichen Busen
sind des Künstlers Musen.
Die Kurven und Falten
sind das, was sie malten.
Hüften und Po,
warum liegt hier Stroh?
Masken und Lippen,
heut nennt ihr sie Titten,
die weiblichen Busen.

(Hinflug) Blinkende Lichter, fremde Gesichter, verdeckte Lächeln, unter den Masken sie hecheln und heben bald ab und geben ihn ab – den Alltag. Beängstigende Lichter, gestresste Gesichter, bringt es uns sicher durch die dunkle Nacht? Wir heben ab und fliegen und fliegen und fliegen und vielleicht landen wir irgendwann, woanders, aber immer noch mit uns. Und ich werd' mich nicht los und mein Gesicht. Da: Wieder ein blinkendes Licht! Ich entfliehe, entfliege.

(Rückflug) Menschenmassen, Menschen hassen. Flecken auf der Jeans, Strohhut unter den Arm geklemmt, blaue Babyaugen und Bildschirme, die sie konsumieren und andersherum. Nackenkissen, die Tierchen darstellen, ein kleines Döschen mit einem goldenen Deckel, geflochtene

Fußkettchen. Geschreie, Gerede, Hetze und Stress, Füße auf Augenhöhe. Teure Schuhe, billige Schuhe, alte und neue. Und alle laufen, geordnet und wirr zugleich. Einige halten sich für schön und sind es auch, andere halten sich für schön und sind es nicht. Andere wieder halten sich für hässlich und sind es auch, andere halten sich für hässlich, doch sind es nicht. (Wer bin ich, mir darüber ein Urteil zu erlauben? Zu bewerten?) (Fehl-)Einschätzungen. Hält sich wohl auch wer für Kunst? Sich wandelnde, vergängliche Kunst, die wächst und atmet und so unfassbar blind ist in ihrer Existenz? So verschieden und individuell, dass sie gleicher nicht sein könnte. Der Mensch ist Emotion, der Mensch ist Kunst.

Stell dir vor, dieses Gedicht wäre traurig
Wie traurig wäre es,
wenn das hier wirklich traurig wäre?
Stell dir vor, du würdest jetzt weinen.
(Weingeräusche)
Tränen laufen dein Gesicht hinunter,
weil du traurig bist.
Weil du darüber traurig bist,
wie traurig dieses Gedicht ist.
Wirklich.
Und weißt du, was es ist,
was dich so zum Weinen bringt?
Eine wirklich traurige Vorstellung über die Angst,
welche noch trauriger wird,
wenn du darüber nachdenkst.
Und dieses Gedicht ist so gut,
dass du es nun tust – darüber nachdenken.
Und der beste Part wäre

ein überraschendes, noch traurigeres Ende.
Und dann hättest du
ein wirklich, wirklich trauriges Gedicht.

Angelehnt an: „Imagine this poem is funnier than it is",
aus: „Love Poems for Anxious People", John Kenney,
2020

PAX TIBI MARCE EVANGELISTA MEUS. Wir schreiten
unter dir her, geflügelter Löwe. Die Erschaffung einer neuen
Cyrillus-Liturgie: »Ich danke dir, o mein Herr, dass du mich
gewürdigt hast, für deinen Namen zu leiden! O Weibsbilder!
Seiet die nackte Kunst zur Gunst der Männer, vernehmet ihre
Bedürfnisse aufmerksam und befolget die Vorschriften zu
einem gottseligen, elendigen Leben.«

„Das Leben als Ertrag des Lebens. – Der Mensch mag
sich noch so weit mit seiner Erkenntnis ausrecken, sich
selber noch so objectiv vorkommen: zuletzt trägt er
doch Nichts davon, als seine eigene Biographie."
Friedrich Nietzsche, „Menschliches, Allzumenschliches",
Neuntes Hauptstück. „Der Mensch mit sich allein:" 513.,
Erstveröffentlichung: 1878

Die Kunst des Lebens als Ertrag der Kunst des Lebens. –
Der Mensch mag sich noch so weit mit seiner Kunst
ausrecken, sie noch so subjektiv auslegen: Zuletzt trägt sie
doch nichts davon als des Künstlers Biographie.

„Phantasie der Angst. – Die Phantasie der Angst ist
jener böse äffische Kobold, der dem Menschen gerade

134

dann noch auf den Rücken springt, wenn er schon am schwersten zu tragen hat."

Friedrich Nietzsche, „Menschliches, Allzumenschliches",
Neuntes Hauptstück, „Der Mensch mit sich allein:" 535.,
Erstveröffentlichung: 1878

Jedoch: Es ist und bleibt die reine Phantasie der Angst, nicht die Angst selbst. Und wie sollte die Phantasie auch überhaupt erst entstehen, wenn der Mensch NICHT schon am schwersten zu tragen hätte? Die Last ist es, die auch die Gedanken in die Tiefe zieht, wo sie ihre Strippen ziehen und ein Geflecht aus Angst erschaffen. Die Phantasie mag uns zur wunderbaren Kunst verhelfen, sie gebären, aber auch die Menschen zur Selbstzerstörung verleiten. Ästhetische Destruktion.

»Wir wollen sie! Wir verdienen sie! Wir müssen sie haben, seine Liebe! Sie haben uns die Liebe gestohlen! Toxische Männer! Böse, tückisch, falsch!«

»Nein, nicht der Herr!«

»Doch, Kleines! Falsch! Die betrügen dich, tun dir weh, lügen!«

»Der Herr ist meine Erlösung.«

»Den Herrn gibt es gar nicht. Niemand erlöst dich.«

»Ich hör nicht zu. Ich hör nicht zu!«

»Du bist eine Lügnerin und eine Opfergabe.«

»Nein.«

»Vergewaltigte!«

»Geh weg!«

»Ich soll weggehen?«

»Ich hasse dich! Ich hasse dich!«

»Wo wärst du denn ohne mich? Ich habe uns gerettet. Ich war das! Wir haben überlebt nur wegen mir!«

»Das ist jetzt vorbei!«

»Was hast du gesagt?«

»Der Herr passt jetzt auf uns auf! Wir brauchen dich nicht.«

»Was?«

»Verschwinde und komm nie wieder!«

»Nein!«

»Verschwinde und komm nie wieder! Verschwinde und komm nie wieder! Wir ... Wir haben ihr gesagt, dass sie wegsoll, und weg ist sie, die Wahrheit. Weg, weg, weg.«

Angelehnt an: „Der Herr der Ringe: Die zwei Türme", Das Selbstgespräch – Gollum streitet mit Sméagol, John Ronald Reuel Tolkien, 2002

Der Herr der Lügen. Nimmt uns die Sünden, nimmt uns die Schmerzen. Nimmt uns die wahre Liebe und gibt uns dafür seine. Nimmt uns in den Arm, verschlingt uns. Nimmt uns die Stimme der Wahrheit und nimmt uns das Leben. Oder wir uns selbst.

Du bist
Du bist meine Ataraxie.
Dilettantisch.
Du bist mein Equilibrium.
Dilettantisch.
Du bist mein Nirvana.
Dilettantisch.
Du bist meine Trouvaille.
Dilettantisch.
Du bist …
Ich weiß es nicht.
Mir fehlt der Wortschatz.
Oder es gibt diesen schlichtweg nicht.
Weil Worte eben doch nicht alles erfassen können.
Und ein einziger Titel gewiss nicht dich und das,
was du für mich bist.
You are the < to my 3

Das ist nicht deine Schuld, das bist nicht du, das ist mein Kopf. Der bringt mich um. Lass uns Freunde bleiben. Aber „nur Freunde" schauen sich nicht so an … Ich kann das nicht. Denn du bist das Beste, was mir jemals hätte passieren können. Und ich vermiss dich, so sehr, ich quäle mich von Tag zu Tag. Was? Entschuldige, wie bitte? Du empfindest doch was für mich? Du willst mich auch nicht verlieren? Du warst noch nie so glücklich wie mit mir? Lass es uns versuchen. Wir müssen es nicht benennen. Wir gehen es langsam an, aber gottverdammt nochmal nicht als „nur

Freunde". Denn wir sind mehr als das. So viel mehr. Ich kann mein Glück nicht in Worte fassen.

Von denen zu dir

Part I:
Und wenn die Wut meinen Körper verlässt,
dann werde ich verletzt.
Weil die Wut, die für euch bestimmt,
sich meiner annimmt.
Und aus »Ich hasse dich!«
wird »Ich hasse mich!«.
Und aus deiner Schuld wird meine Schuld,
wenngleich ich weiß, dass es nicht so ist.
Und dann bringt mich die Ungeduld
(weil nicht alles sofort besser wird)
dazu, durchzudrehen,
Verstand und Kopf zu verlieren.
Und mich selbst.
Part II:
Doch du hilfst mir, mich zu suchen,
weil du weißt, wo ich bin
und wer und was: unschuldig.
Und geduldig.
Weil ich jetzt wieder weiß:
Es wird einfacher.
Jeden Tag wird es ein wenig einfacher.
Aber ich muss es tun jeden Tag,
das ist der schwierige Part.
Aber es wird einfacher.

Ich glaube, ich hatte mich so viele Jahre daran gewöhnt, dass es mir schlecht ging, dass ich selbst gar nicht mehr gemerkt hatte, wie schlecht es mir ging, bis ich dann durch dich gemerkt habe, wie gut es mir eigentlich gehen kann. Und nun warte ich, geduldig und voller Angst, du wirst mich niemals genug mögen, um mich auch zu lieben. Ich warte und fange an zu:

Zweifeln

Ich zweifle an meinen Zweifeln,
denn sie sind wahrhaftig zweifelhaft
und ich
viel zu verhaftet und sie ihrer selbst.
Und meine Gedanken des Zweifelns
sind fragwürdig;
enteignet jeglicher Würde
hinterfrage ich alles.
Ich zweifle am Hinterfragen
und hinterfrage das Zweifeln,
Dreifeln, Vierfeln, Fünfeln,
wann hat das ein Ende?

Jetzt. Genau jetzt, unverhofft. Erst Verwirrung, dann Dauergrinsen. Ich kann es kaum glauben, hatte erneut die Hoffnung aufgegeben, aber es ist wahr: Wir, du und ich, sind ein Paar.

Köpfe und Körper

Du gibst mir Kopf
Und ich komme.
Voran im Denken.

139

O, ich will dir danken
für das Teilen deiner Gedanken.
Ich gebe dir Kopf
und auch unsere Gedanken steigen empor,
leises Hauchen in unseren Ohr'n.
Lass uns das Denken aufgeben,
uns erheben, erregen,
dem völlig hingeben.
Und die Hingabe selbst lässt uns aufsteigen
und fallen zugleich.
Wir sind Köpfe und Körper,
die denken und fühl'n.
Geben uns Köpfe und Körper,
die sich vereinen und spür'n.
Und ich will dich nackt seh'n,
nicht nur deinen Körper,
auch das, was in deinem Kopf ist.

Basorexie. Ich möchte Poesie erschaffen. Mit meinen
Lippen auf deinen. Ich möchte mit dir Küsse teilen und wir
werden beide Poeten sein. Und dann war das kein Sex mehr,
dann war das nackte Poesie zweier Poetenkörper, bestehend
aus Worten, sich lustvoll umschlingend fügend. Denn die
Realität ist nicht genug, aber die Poesie wird es sein, meine
Worte sind nur dein.

Du bist exakt die Poesie,
die ich immer schreiben wollte,
aber nie konnte.

Wir werden einmal genau so zusammensitzen, aber woanders und alles wird anders aussehen. Wir überstreichen die Alte-Erinnerungen-Wände mit Neue-Erinnerungen-Farbe, erwachsenenweiß über kindheitsweiß. Und wir ersetzen die kalten Fliesen durch warme Parkettböden und wir stellen neue Möbel hin und Kunst und eine freistehende Badewanne. Und wir werden ein stilvolles Weinregal haben, bodentiefe Fenster und ein gemeinsames Bett. Wir sitzen zusammen und fantasieren und wir werden einmal genau so zusammensitzen in unserer zuvor fantasierten Realität. Vielleicht wird einiges anders sein, aber wir beide, wir sitzen zusammen. Und meine Worte klingen immer noch kitschig und ich hasse sie dafür. Und liebe sie doch und liebe nur dich und liebe dich nur.

Endlich habe ich es dir gesagt: *Ich liebe dich.* Was ich damit meine? Ich kann nicht damit aufhören, mich immer und immer mehr in dich zu verlieben. Ich liebe dich. Nicht für dein Aussehen oder deinen Besitz. Oder weil ich einsam oder verloren war. Ich liebe dich, weil du mein bester Freund bist, weil ich nicht aufhören kann, dich heimlich anzuschauen. Weil ich ständig an dich denken muss. Weil du so ehrlich lachst und mich dauernd dazu bringst, ehrlich zu lachen, wenn ich eigentlich denke, es nie wieder zu können. Ich liebe dich, weil ich für deine Liebe nicht kämpfen muss, weil sie bedingungslos ist und einfach. Ich liebe dich, weil du mein Safe Place bist, aber auch mein größtes Abenteuer, weil du romantisch und trotzdem versaut bist und kindisch und doch erwachsen. Ich liebe dich für alles, was du bist, nicht nur für einzelne Teile. Und nicht nur für das, was du bist, auch dafür, dass ich bei dir so sein kann, wie ich bin, und mich dabei wohlfühle. Und weil ich weiß, du bist der Eine.

Und du machst mich so unendlich stark und dennoch so unendlich schwach zugleich. Meistens geht es dir gut und dann geht es auch mir gut, aber wenn du zu wenig sagst, ruhig wirst und ich frage, ob alles in Ordnung ist, und du mit einem leicht genervten „Ja" antwortest (das kommt wirklich sehr selten vor, und ich weiß, dass auch du nicht immer der bestgelaunte Mensch sein kannst, was okay ist, du hast jedes Recht auf schlechte Laune!), dann schießen mir Tränen in die Augen, eine abscheuliche Gänsehaut explodiert in meinem gesamten Körper, alles bebt und pulsiert und ich muss die Luft anhalten, um nicht laut loszuweinen, vor Angst, du seist wütend auf mich oder genervt von mir oder du wollest deine Sorgen nicht mit mir teilen, weil du mir nicht vertraust oder ich zu unwichtig bin oder eben nicht DIE EINE für dich. Und dann habe ich das Gefühl, du schließt mich aus und stößt mich weg und ich kann nicht anders, als dich dann auch wegstoßen zu wollen, darüber habe ich keine Kontrolle, ich muss das tun, du sollst so erkennen, erfahren, wie ich mich fühle. Das ist eine Art, meine Angst mit dir zu teilen, dass ich dich, dass wir uns verlieren. Angst und Wut und Verzweiflung, du sollst spüren, was ich spüre, aber bei dir braucht es vielmehr als bei mir, deshalb muss ich dich viel mehr wegstoßen als du mich (denn in deinen Augen hast du mich sicherlich gar nicht weggestoßen, aber in meinem Kopf eben schon). Und dann will ich, dass es mir schlecht geht, ich will den Schmerz spüren, ich will, dass du mich leiden siehst, dass du nachfragst, nur dass ich dir offensichtlich ins Gesicht lügen kann, so wie du mir, als du sagtest, alles sei okay. Ich bin wie eine wandelbare, auf den Schmerzverursacher anwendbare Voodoo-Puppe, die Schmerz zehnmal stärker spürt, als er eigentlich ist, und ihn deshalb auch zehnfach an den Verursacher zurückgibt oder es zumindest versuchen will. Ich will, dass du dich sorgst, nur damit ich das ignorieren kann, damit DU ein schlechtes Gewissen bekommst. Ich bin ein furchtbarer Mensch. Aber dann bekomme ICH das schlechte Gewissen, es nagt an mir, denn du hast gar nichts getan, ich aber schon. Denn ich trage all die Wut in mir, die ich gegen den richten wollte, den ich liebe. Und wenn das alles nachlässt, das Verletztsein, der Schmerz, die Wut, die Scham, dann fühlt sich alles so sinnlos an und müde machend. Es tut mir leid, bitte sei nicht böse auf mich, ich will das doch gar nicht, das bin nicht ich, ich suche mir das nicht aus. Ich könnte es nicht ertragen, wenn du sauer auf mich wärst oder mich anschreien würdest, ich habe solche Angst. Ich kann dich einfach nicht verlieren, nicht nach all dem, was war, und nicht vor all dem, was noch kommen soll. BITTE VERLASSE UND HASSE MICH NICHT! Und dann kommst du zu mir, nimmst mich in den Arm und all meine Rachepläne verschwinden im Nichts, weil du präsent bist, mich liebst, dich für mich zurücknimmst, auf mich Rücksicht nimmst, mich zum Lächeln bringst und mir die Tränen vom Gesicht wischst. Und das alles, obwohl ich dir verschweige, warum ich weine. Und das alles, obwohl ich später meine Gedanken und Gefühle mit dir teile. Womit habe ich dich verdient? Wir stehen das gemeinsam durch und es wird besser! Gemeinsam, besser, bedingungslose Liebe.

FEURIGES KAPITEL

Wir sind nicht bloß ein Moment,
wir sind auf Lebenszeit.
In der wir
jeden Moment leben.

Doch jeder kleinste Moment, jede Sekunde kann eine Ewigkeit beenden. Ich sah dein und damit unser Ende. Und damit irgendwie auch meins.

(**Das Buch Exodus 3, 1-5:** *Dort erschien ihm der Engel des Herrn in einer Flamme, die aus einem Dornbusch emporschlug. Er schaute hin: Da brannte der Dornbusch und verbrannte doch nicht.* Denn wir wissen ja beide: Hier ist Gott und darüber bist du.)

Du standest in Flammen, schreiend, rennend, und ich stand … bloß da, zitternd und still und unter Schock. Wasser. Du bist ins Wasser gesprungen, hast die Flammen an deinem Körper und auf dem Boden gelöscht und mir unter Schmerzen immer wieder sagen müssen, dass alles gut wird. Das hätte ich dir sagen müssen. Hättest du nicht so souverän gehandelt, hätte ich dich verbrennen lassen? Wieso konnte ich nichts tun? Wieso ist das dir und nicht mir passiert? Wieso musste ich nun warten, stundenlang, ohne zu wissen, wie es dir geht und wie es weitergeht? Ohne mit jemandem reden zu können? Weil keiner meine Sprache sprach. Und wieso musste ich allein dortbleiben, allein zurück auf den Berg in die wundervolle Hütte, welche allein bei Nacht mein Albtraum war? Wieso war ich wie gelähmt? Konnte all die

Tage nichts essen, war ständig müde und verweint? Ohne die noch in der ersten Nacht in der Not herbeigeeilte Gesellschaft wäre ich wohl noch verlorener gewesen, ein einziges Wrack. Doch ich konnte alles abgeben, mich aus allem rausziehen, was mich anstrengt. Wie egoistisch von mir, zu leiden, obwohl er der Leidtragende war. Wir machten einen Ausflug an wunderschöne Wasserfälle. Ich lief und lief und spürte dennoch keinen Hunger, nur die Hitze, meine Füße und das langsame Verschwimmen der Realität.

Es ist, als wären meine Augenhöhlen bloß leere Löcher, durch die meine Augen von hinten hindurchgucken. Ich spüre die Knochen, um die sich meine Haut legt und in meinen Schädel in die unendliche Leere gezogen wird, aufgesaugt und enganliegend. Und dann schieben sich Bilder ein.

> Mein Blick ist vom Vorübergehn der Bilder
> so müd geworden, dass er nichts mehr hält.
> Mir ist, als würden tausend Bilder wilder
> und hinter tausend Bildern wär keine Welt.
>
> Der starke Drang geschmeidig tiefer Schnitte,
> der sich in meinem Kopfe dreht,
> ist wie ein Zerren an Kraft aus meiner Mitte,
> in der betäubt vor Angst ein kleines Ich steht.
>
> Und wieder drängt sich in die Leere der Pupille
> ein Bild hinein. Dann seh ich wieder Feuer,
> höre deine Schreie und meine hilflos Stille –
> und sehe über mir ein Ungeheuer.
> *Angelehnt an: „Der Panther", Rainer Maria Rilke, 1903*

145

Es begann, sich zu vermischen. Italien des letzten Jahres und dieses Italien. Ich, über das Waschbecken gedrückt, in den Spiegel blickend, in dem ich dich brennend sehe. Es wurd' ein Bild, als wäre es eine Erinnerung. Und ich höre deine Schreie, als würden sie endlich aus meinem Munde kommen. Und dann: Stille.

Ich bin längst nicht mehr über das Waschbecken gedrückt und dieses Feuer ist auch schon seit einer Weile gelöscht, auch du trägst nun Narben auf deiner Haut. Aber es gibt ein Feuer, welches immer noch brennt. Dieses Feuer ist eine Leidenschaft ohne Leiden. Das Feuer unserer Liebe. Und sie wird nur stärker, nur intensiver durch all das Leid. Es bringt uns nicht auseinander, es rückt uns enger zusammen.

Multiple Choice

I'm just a horny piece of shit
who loves food
and overthinks everything.
And girls like that
are bad at maths;
so I ask you:
$1 + 1 = ?$
O 2
O 69
O < 3
In our case: All are correct.

Manchmal ist es sogar schon zu überwältigend, nur deine Hand zu halten. Da ist es, als würde das Feuer zu Strom werden, welcher durch meine Adern fließt, berauschend und beängstigend zugleich. Wie eine geringe Menge Methylendioxymethylamphetamin in meinem Blutkreislauf, pulsierend, mein Herz erschreckend heftig schlagend, ich kann nicht atmen und muss dich für einen Moment loslassen, um mich zu beruhigen, um der Anspannung zu entkommen, welche so süchtig macht, aber so riesig und mächtig ist, als würden sich unsere Körper allein durch das Halten unserer Hände miteinander verbinden, als würden wir verschmelzen und mein Herz müsste für uns beide schlagen, als würde mein Blut durch meine Hand in deine fließen und andersherum, sich vermischen zu einer neuen Blutgruppe, von der ich nicht weiß, ob sie zum Überleben geeignet ist. Und all das nur, wenn sich unsere Hände berühren und die Gefühle so stark werden, dass sie mich nicht mehr loslassen. Es ist nahezu unbeschreiblich, was mit mir passiert, wenn sich unsere Körper ganz verbinden, nackte Haut auf nackter Haut und du in mir. Völlige Erfüllung, mehr als das Gefühl von Methylendioxymethylamphetamin.

Ich bin die Chegara-Stadt

In mir wohnt die Sehnsucht nach Nähe, nach körperlicher und emotionaler Nähe, die gespürt werden will. Direkt nebenan die Angst vor dieser, welche die Distanz vorzieht und dennoch leidet. Ich dazwischen gebe mich der Nähe hin und nehme Flashbacks und Dissoziationen in Kauf, um zu spüren, wie Nähe und Distanz sich umschlingen und mich gemeinsam auffressen, weil dann nicht diese leiden, sondern ich, um den beiden gerecht zu werden.

In mir wohnt die Depression. Sie schreit mich an: „Geh ins Bett, bleib liegen und iss aus Frust!" Direkt nebenan die Essstörung, die zurückschreit: „Beweg dich und verhungere, werde endlich dünn, du fette Sau!" Ich dazwischen also lege mich in Bett, esse und kotze danach, um den beiden gerecht zu werden.

In mir wohnt der Wille auf Heilung, der Wille, normal und unauffällig zu sein und glücklich. Direkt nebenan die Lust zur Selbstzerstörung, die Sehnsucht nach Aufmerksamkeit für diese und das Gefallen am Leiden. Ich dazwischen also renne hin und her zwischen fatigantem Clean-Sein und aufregendem Körper-Aufschlitzen, zwischen Still-Sein und Nach-Hilfe-Schreien, um den beiden gerecht zu werden.

In mir wohnt ein kleines, manisches Kind, es hüpft herum, schreit „Hurra" und ist unerfahren, naiv und unvernünftig.

148

Direkt nebenan eine frustrierte großjährige Frau, die das Leben nun besser kennt und weiß, dass das Kind Fehler macht und viel zu anstrengend für sie ist. Ich dazwischen also schlüpfe in den Körper und Geist des Kindes, rede und benehme mich so, bis ich Körper und Geist wechsle und genau gegenteilig handle, um den beiden gerecht zu werden.

In mir wohnt der Streit, der Opfer fordert, um gestillt zu werden. Der so reizbar ist, dass er alles und jeden für jede Kleinigkeit verantwortlich macht und hasst. Direkt nebenan das verzweifelte Bemühen, niemals verlassen zu werden, alles für alles und jeden zu machen, um zu besänftigen. Ich dazwischen provoziere also Streit und gebe danach alles, um nicht verlassen zu werden, um den beiden gerecht zu werden.

In mir wohnt der Geiz, mein Geld zu sparen und nur das Nötigste zu kaufen. Direkt nebenan die Kaufsucht, die kaufen muss, um mein Selbstwertgefühl durch Materielles zu stärken. Ich dazwischen kaufe und verkaufe, um wieder kaufen zu können, um den beiden gerecht zu werden.

In mir wohnt der Spaß an Aktivitäten. Er sucht sich Hobbys und träumt davon, erfolgreich zu werden. Direkt nebenan die Spaßbremse, die mich unter Druck setzt, niemals gut genug zu werden, und mich daran hindert, es mit aller nichtvorhandenen Kraft zu versuchen. Ich dazwischen führe Aktivitäten aus und gebe immer wieder auf, um beiden gerecht zu werden.

All diese Nachbarn in meinem Kopf sind Feinde, alle hassen sie sich und ich muss ihnen gerecht werden Tag für Tag und ich muss … sterben, sagen die Suizidgedanken. Ich mache kaputt, was ich liebe, und baue auf, was ich hasse. Ich sehne mich nach Nähe und kann sie nicht ertragen. In mir sind so viel Dreck und so viel Leid, dennoch gut verpackt in Einsamkeit.

Ich, ich bin die Grenzlinien-, die Chegara-Stadt – umgeben von tausenden Stimmen, Gedanken und Gefühlen und gleichzeitig umgeben von Stille, Gefühlslosigkeit und einem einzigen Nichts. Und das Schlimmste an dieser Stadt: Ich bin die Einzige, die nicht wegziehen kann, ich muss immer in mir wohnen bleiben.

Gefühle
Es ist beides.
Ein Segen
und ein Fluch,
alles so stark
zu fühlen.
So intensiv.
Und es ist beides.
Ein Segen
und ein Fluch,
auch mal nichts
zu fühlen.
So extensiv.
Meine Gefühle
sind nie
lagom.

SITZUNGSKAPITEL

Das Resultat der ersten Sitzung: Er ist sehr sympathisch und ich scheinbar sehr intelligent (das soll er mir aber erstmal beweisen).

Das Resultat der zweiten Sitzung: Emotionen – bei „normaler Menschen" fahren familienfreundliche Autos auf einer gut befestigten dreispurigen Autobahn mit 130 Kilometer pro Stunde im Kopf entlang. Bei mir flitzen aufgemotzte Sportwagen mit 300 Kilometer pro Stunde auf einer Landstraße durch den Kopf.

DIAGNOSE: EMOTIONAL INSTABILE PERSÖNLICHKEITSSTÖRUNG DES BORDERLINE-TYPS. (Aber irgendwie auch nicht mehr so ganz, denn ich habe mich bereits ausgezeichnet, genau korrekt und sehr reflektiert selbst therapiert.)

Das Resultat der dritten Sitzung: Ein Zug fährt immer dieselbe Strecke. Im Kreis, wovon die Hälfte aus einem Tunnel besteht. Wenn ich aber Schienen anbaue, kann ich die Strecke um den Tunnel herum verlegen. Diese Strecke ist zwar länger und die Spuren sind neu und noch nicht so geschmeidig zu befahren wie die alten und sie stellen eine Umgewöhnung dar und müssen erst oft befahren werden, damit sie sich komfortabel und einfach anfühlen, aber vielleicht lohnt sich das auf Dauer, um den dunklen Tunnel zu vermeiden. Nur kann ich nicht die Umleitung nutzen, wenn ich schon im Tunnel bin, ich muss mich DAVOR dazu entscheiden und gegenlenken.

Das Resultat der vierten Sitzung: Ich muss das trennen. Diese Dinge haben nichts miteinander zu tun. Mein Missbrauch und sein Brennen. Mein Schweigen und sein Schreien. Die einzige Gemeinsamkeit ist das, was bleibt: Traumata. Das Bild der Flammen und das Geräusch seiner Schreie und meine Angst, er würde sterben, lassen mich langsam los. Denn er lebt, es geht ihm gut. Ich habe auch das Recht darauf, dass es mir irgendwann wieder gut geht und ich auch wieder leben kann.

Das Resultat der fünften Sitzung: Das öffentliche Leben wurde und wird weiterhin heruntergefahren. Bis zu einem noch unbekannten Zeitpunkt. Meine Generation ist gefickt. Einer sowieso gänzlich instabilen Generation „von Lappen" (ich wurde netterweise von dieser Begrifflichkeit ausgeschlossen) werden letzte Stabilitäten entrissen. Isolation, Depression. Wir sind definitiv keine Verschwörungstheoretiker, aber reflektierende, kritisch denkende Wesen. Leben retten ist wichtig, ganz klar, aber den Preis dafür ZU SEHEN ist ebenso wichtig!

Das Resultat der sechsten Sitzung: Vor einem Jahr noch hätten Sie einem Drogenjunkie gegenübergesessen, schwarz gekleidet mit Massen an silbernen Ketten, einem müden, leeren Blick, Augenringen, Fingern, die nach Tabak, und Haaren, die nach Rauch riechen. Und Sie hätten zehn Kilo weniger vor sich sitzen gehabt, dafür zehn Kilo mehr Unsicherheit. In kürzester Zeit habe ich mich um 180 Grad gewendet, habe mich neu erfunden, neu definiert, bin ein ganz anderer Mensch geworden. Liebe kann mich nicht gesund machen, aber Liebe hat es geschafft, eine ganze Menge in mir zu reparieren. Und sie scheint das Beste zu sein, was mir seit fast einem Jahrzehnt passiert ist, ich sollte an ihr festhalten. Denn ich sitze hier, zumindest ein wenig selbstbewusst in einer feinen Hose mit einer weißen Bluse, zartem, goldenen Schmuck und Dankbarkeit in den Augen. Mein Körper ist frei von Drogen, ich rieche nicht mehr nach Tabak und Rauch. Wie ich das geschafft habe? Und das von jetzt auf gleich? Borderline. Von Schwarz zu Weiß in nur einem Wimpernschlag. Verdammt stark, Hut ab, bemerkenswert.

Das Resultat der siebten Sitzung: Pragmatisch paradigmatisch: Setzen Sie sich erneut zu Tisch. Angelehnt an das uns Geläufige, gleichwohl läuft es grundverschieden. Sechs Männer, sechs Weibstücke und als Dreizehnter, zu unserem Glücke – der allmächtige Herr, selbstverfreilich ebenso ein Mann. Und er fordert eine Opfergabe, oder zwei (die Statistiken sind kritisch zu betrachten, so mag ich leider von zweien ausgehen). Lucretia, 1571, und Proserpina, 17. Jahrhundert, und keiner hat es verhindert, denn die Opfergaben sind für den Allmächtigen und die Opfer gaben sich recht freizügig, da waren die Täter doch wohl recht großzügig, denn: Sie wollten doch gefickt werden und somit zum Geschenk Gottes. Diese Männer fühlen sich allmächtig. Und die Opfer gaben nicht ihr Leben, aber wohlmöglich den Willen dazu und wohlmöglich ihre Seele. »Sagen Sie ihm: ›Du hast mich vergewaltigt.‹« Dieses Wort. Diese Erkenntnis.

Er hat mich. Fuck, was? Es gibt doch so viele nettere Worte dafür! Er hat mich …

Sitzungspause: Sechs verdammte Wochen. Alte Kapitel, nein, DAS alte Kapitel aufzureißen bringt neuen Schmerz hervor. Oder Schmerz, der da, aber mir nicht in seinem vollen Ausmaß bewusst war. Er hat mich VERGEWALTIGT. Fuck.

Blödsinn, natürlich bin ich IHR bloß mit IHM fremdgegangen. Aber er hat irgendwie das Gefühl, ich würde über ihn erzählen, er hätte mich vergewaltigt. Wie kommt er bloß darauf? Kann das einfach so ein normaler Gedankengang sein ohne jegliche Wahrheit dahinter? Doch alle kennen dich und auch mich und sie wusste, dass da was nicht stimmen kann. Und ihre Stimmen im Kopf verschwinden, aus Fragezeichen und Zweifeln ward Erkenntnis. Und zu meinem Glück: Verständnis.

Doch nun ist er auf dem Weg zu mir und ich fühle mich unsicher, unter meinen Füßen entreißt sich der Boden und ich bin wieder so schwach. Zwischenzeitlich hatte ich mein Machtgefühl zurück, wo ist es hin? Wohin mit mir? Ich muss allein sein, laufen, immer weiter. Meine Fingernägel bohren sich tief in meine Haut, welche sich abschabt. Ich spüre den Schmerz nicht und alles verschwindet.

Wie alles verschwindet
Wort für Wort für Wort.
Bringt mich an einen Ort,
an dem ich die Angst nicht ertragen muss,
nicht versagen muss.
Denn es dürstet mich nach Perfektion,
nach Kollision

mit dir, mit mir;
nur nicht mit der Einsamkeit.
Traurige Zweisamkeit
- die Worte und ich
und ein unendliches Nichts.
Und die Angst ist immer da,
war immer da und mit ihr
ein verlorenes Ich.
Und so langsam vergesse ich mich
und verliere die Worte.
Da ist nur noch Angst – meine größte Angst.
Es kann nichts mehr kommen,
was schlimmer ist.
Und plötzlich geht es mir gut.

Er tyrannisiert alle, die wir beide kennen, und ich halte das nicht aus, dass alle leiden und lügen müssen wegen mir. Es reicht, auch DU hast Grenzlinien überschritten, bist über meine Borderline von Schwarz nach Weiß gesprungen, immer hin und her und hin und her.

»So, jetzt reicht es. Hör auf, alle anderen zu tyrannisieren, indem du sie volltextest. Ich habe dich nicht grundlos blockiert, und wenn du trotz dessen – obwohl ich offensichtlich keinen Kontakt möchte – die Grenze überschreitest und einfach zu mir fahren willst, hast du so einiges nicht verstanden! Wenn ich keinen Kontakt möchte, dann zwinge mir keinen auf, ganz einfach, das ist pure Grenzüberschreitung, und solltest du sowas wirklich durchziehen, hast du mit Konsequenzen zu rechnen, ganz einfach. Heißt im Klartext: Halt dich von mir und meinem

Haus fern oder ich lasse durch eine höhere Instanz verordnen, dass du dich fernzuhalten hast. Akzeptiere meine Grenzen! Und höre auf, ein nicht diskutables Thema diskutieren zu wollen.«

»Das akzeptiere ich gerne und diese Grenze möchte ich nicht überschreiten ...Trotzdem hätte ich gerne, dass du zumindest mir die Chance gibst, dass ich mich entschuldigen kann ... Ich gehe mal davon aus, dass ich ein Monster bin ... dem Monster muss man erklären, was es falsch gemacht hat ... damit es lernen kann ... Zu erwarten, dass etwas nach einem Jahr so schlimm ist, ist surreal für mich, leider ... Du weißt ja ›eigentlich‹, dass ich dir nichts Schlimmes möchte.«

»Ich habe deine Sicht bereits gehört. Und ja, das ist eine komplett andere Sichtweise als meine. Das glaube ich dir auch, dass du das so gesehen hast, daran habe ich keine Zweifel, aber das macht es, um ehrlich zu sein, nur noch schwieriger, und das bereitet mir wirklich Sorgen. Denn das zeigt, dass du wirklich ein Problem hast. Und das hattest du auch schon während unserer Beziehung. Ich will ganz offen und ehrlich sein und ich hoffe, dass du das nicht alles abblockst, sondern dir wirklich Gedanken drüber machst. Du bist kein Monster, aber wenn du Lust hast, wirst du manchmal zu einem. Was die Kontrolle verliert und nur noch sieht, was es will, was es braucht, wie in einem Wahn, ohne ein Gefühl dafür zu haben, wie es seinem Gegenüber geht. Ich habe ausführlich unsere Beziehung und den Vorfall reflektiert. Deswegen fällt es mir schwer, dir die Schuld zu geben, weil ich glaube, dass du ein Sexproblem hast, das ändert aber nichts an der Tatsache, dass du dich über mein wiederholtes Nein hinweggesetzt hast, dass du nicht anhand meiner Körpersprache gemerkt hast, dass da was gewaltig falsch läuft, und dass du jegliche Empathie verlierst, sobald du in diesem Wahn bist. Es war bereits eine völlige Grenzüberschreitung, nachts an mein Bett zu kommen. Du wusstest aus unserer Beziehung, wie einfach ich zu beeinflussen bin. Ich habe Nein gesagt, als ich mitkommen sollte. Mehrmals. Aber du hast nicht lockergelassen. Ich hatte da schon Angst und wusste, was passieren wird, aber bin mitgegangen, weil ich mich unter Druck gesetzt gefühlt habe. Im Bad habe ich auch nochmals gesagt, dass ich das nicht möchte, was du aber nicht ernst genommen hast. Ich glaube, dir ist null klar, was du da getan hast, und deshalb habe ich fast schon Mitleid mit dir. Aber du hast mich über das Waschbecken gedrückt und ich habe geweint und mich nicht mehr bewegt oder Sonstiges. Du hast ganz klar eine Situation zum Sex ausgenutzt. Ich habe das am Anfang selbst kleingeredet und heruntergespielt, aber das war nicht okay. Du hast mich in unserer Beziehung schon als Sexobjekt bezeichnet, wolltest mich immer besitzen und bist nicht damit klargekommen, als es nicht mehr so war. Du hast damals schon Grenzen überschritten, hast meine Instabilität und mein damaliges Trauma nicht respektiert und dir genommen, was du wolltest. Ich bin dir eigentlich keine Rechtfertigung schuldig und dennoch schreibe ich dir das jetzt alles, ganz sachlich. Und ich könnte das noch viel weiter ausführen. Das soll nicht heißen, dass wir keine guten Zeiten hatten oder dass du nicht für mich da warst. Das soll lediglich

157

heißen, dass du meiner Meinung nach ein ganz großes Problem hast, was Sex betrifft. Da bist du nicht du selbst und lässt dich von deinen Trieben steuern. Da nutzt du ganz klar deine Machtposition aus, das hast du auch in Italien getan. Und das hat rein gar nichts mit dem Kuss vorher oder unserem Gespräch zu tun, das ist was ganz anderes. Nach unserem Gespräch dachte ich, du magst mich wirklich noch, aber nach der Nacht kam alles wieder hoch, was du zuvor getan hast. Ich habe lange Zeit das Wort Vergewaltigung vermieden, auch vor den anderen. Aber genau das war es, egal ob es dir bewusst war oder nicht, egal was vorher war, das war eine Vergewaltigung. Und da habe ich erst das volle Maß realisiert und habe angefangen, darüber zu sprechen. Ich will dich nicht schlecht darstellen und mir tut es leid, wie du dich fühlst. (Glaub mir, ich bin diejenige von allen, die am meisten Mitleid mit dir hat bei der Sache.) Aber du hast verdammt Scheiße gebaut. Viel mehr als nur ein Mal. Und ich rate dir wirklich sehr, dir da Hilfe zu holen. Für dich selbst und für alle anderen Frauen, mit denen du in Zukunft (sexuellen) Kontakt hast. Das ist nicht böse gemeint, aber ich glaube, dass du das selbst absolut nicht gemerkt hast, dass das eine Vergewaltigung war, macht das zu einer ganz gefährlichen Sache.«

Entschuldigungen über Entschuldigungen, bis ich der Schuld nicht mehr entkam. Denn du bist doch ein guter Mensch, dir tut es leid und du leidest.

>»Meine Fragen haben sich seit deinem Text erstmal um eine Sache gedreht. Und zwar habe

ich mir 5000-mal die Frage gestellt: Bin ich ein Vergewaltiger?

Und die Antwort ist von mir ein Nein. Was aber nicht heißen soll, dass ich das runterspiele. Ich habe mächtig Scheiße gebaut und werde mich dafür einsetzen, dass sowas nicht mal im Ansatz nochmal passiert.«

Und noch mehr Texte, noch mehr Worte, welche mich in die Schuldgefühle stürzen, mir Mitleid mit dir einreden.

»Was für mich noch schwer einzuordnen ist, ist die Sache, wie weit ich mich selbst fehleingeschätzt habe ... Ich sehe voll ein, dass ich ein negatives, lustvolles Gefühl schon sehr früh entwickelt habe. Durch die eigenen Erwartungen und die Enttäuschungen, die ich durch deine Gefühle zu oft nicht verstanden habe ... Das hat mich sozusagen falsch trainiert, also ich mich selbst. Was ich sagen will, ist, dass ich im Moment nicht weiß, ob es vor oder nach Italien war, wo ich gemerkt habe, dass dieses negative Lustgefühl so stark war. Wir waren einmal bei Freunden und ich wollte, dass du ins Bad kommst, aber bist du nicht, und da habe ich mich so komisch gefühlt. Zum einen habe ich gemerkt, dass es so auf der Brust drückt, so adrenalinmäßig, weil ich nie wusste, was passiert. Aber gleichzeitig wusste ich auch, dass es falsch ist, dieses Gefühl, was ich hatte. Das alles bringt mich zu dem Punkt, an dem ich mich frage, wie viel hätte ich merken sollen ...?

Und da ist ja noch eine andere Sache ... Und zwar, wie die anderen mich sehen ...

Natürlich ist es schwer, wenn sie sowas hören, aber es zu hundert Prozent nachzuvollziehen, ist auch schwer. Was ich aber meine, ist, dass wenn einer meint, ich wäre ein stumpfer Vergewaltiger, dass ich das leider so schade finde, dass ich dann von mir aus nichts mehr mit der Person zu tun haben will, die so etwas behauptet, weil das sind leider keine Freunde für mich ...«

Ich bin schuld. Wegen mir gehen deine Freundschaften kaputt. Wegen mir fühlst du dich schlecht und schuldig und dir selbst fremd. Das wollte ich nicht. Du wollest mir ja nicht wehtun. Oder? Trotzdem sind es jetzt nun andere, die meinen Schmerz ein wenig auffangen, damit ich ihn nicht allein ertragen muss.

»Das heißt ja nicht, dass man sich aggressiv gegenüberstehen muss ... Sondern eben, dass wir beide lernen müssen und es nicht wie ein Pflaster erneut unsauber aufreißen sollten.«

Resultat der achten Sitzung: Ich bin müde und erschöpft, und das bleibt vorerst so. Ich muss Ruhe einkehren lassen, neue Kraft tanken, Abstand nehmen von all dem Trubel der letzten Zeit. Ich bin stark, verdammt stark, aber auch ich habe eine Belastungsgrenze, welche aktuell schneller überschritten wird, durch kleinste Kleinigkeiten. Was ich leiste, ist bemerkenswert, und ich bin ein guter Mensch, dennoch ist mein Mitgefühl einem, MEINEM Vergewaltiger gegenüber fehl am Platz. Denn er redet sich immer nur raus, will mich belasten und als willig darstellen, und er weiß, wie er mein Mitleid erlangt, so wie er wusste, wie er mich zum Sex bringen kann. Er kennt mich und er manipuliert mich. Und sich selbst, um sich besser zu fühlen und unschuldig. ER IST SCHULDIG UND ER HAT DIE KONSEQUENZEN DAFÜR ZU TRAGEN!

Es wird noch viele Sitzungen geben müssen, denn alles ist ein Prozess. Manche sind endlich, andere nie. Und ich weiß nicht, ob und wann ich „gesund" sein werde, aber ich weiß, dass jedes Buch einmal enden wird. Und das vor mir. Und auch vor meiner letzten Sitzung.

KAPITEL DER TÄGLICHEN KALAMITÄTEN

Acht Uhr.

Meine Fenster hatten lange dunkelblaue Vorhänge, aus einem festen, blickdichten, schweren Stoff, welcher mich vor der Sonne* abschirmte. Dejekt des Rindviehes, Bullen, Stiers (mein Sternzeichen übrigens, nicht, dass ich an Astrologie glauben würde, aber legt euch nicht mit meinen Hörnern an). Ich besitze gar keine Vorhänge. Meine Nachbarn haben stets das „Vergnügen", meinen nackten Körper zu betrachten, welcher durch die Wohnung läuft. Getaucht in ein warmes Licht der noch kalten Morgensonne*. Los, interpretiert euch zu Tode!

Acht Uhr dreißig.

Aufraffen. Ermüdet von einer schlaflosen oder auch viel zu schlafreichen Nacht.

Die Sonnenstunden (meist grauer, als gelber).

Eine von chronischer Leere und Monotonie geprägte Existenz. Triste, fade Kreise der Qualen (amüsanter Fakt: Mein Idiolekt ist es, das „U" nach dem „Q" extrem auszusprechen, als stünde das „Q" nicht in einer Abhängigkeit vom „U" (so wie ich etwa von Selbstdestruktion), sondern hinge hier nur rein zufällig davor). Gewiss, es gibt auch Tage voller amüsanter Fakten (o, ich scheue mich doch nicht vor Metaphern, welch ein amüsanter Fakt, schon wieder). Aber zurück zu den anderen Tagen; an solchen ist es so: Wenn ich liege, komm ich nicht

162

mehr hoch, wenn ich stehe, zieht es mich runter. Wie soll ich da laufen oder gar rennen? Wie soll ich da ruhen oder gar schlafen?

Zweiundzwanzig Uhr.

Alone in bed
Sleep with me, sleepy me.
You won't fall in love,
But you'll fall asleep.

Ich bin eine Sünderin, lieber hätte ich beten sollen vor dem Schlaf. Andererseits: Wie könnte ich dem Himmel näher sein als beim Höhepunkt? Er nimmt mich ein, Körper und Geist.

Überwältigend pulsierend, beinahe schon schmerzhaft. In mir tobt das vom Sturme erfasste Meer, Vulkane brechen aus und es aus mir. Ist es eine Sünde, sich selbst zu verlieren? Hinaufzusteigen, um sich wiederzufinden? Eine schmelzende Explosion und ich war dir näher als mir selbst. Nun betrachte und fühle ich mich wieder von außen und zu dir spreche ich nur noch aus der Ferne. Morgen besuche ich dich wieder, wenn meine Finger sündigen, mein Hauchen die Kirchenglocken übertönt und ich dich in den Schlaf küsse, sodass es in der Bibel stehen müsste.

Drei Uhr siebzehn.
Ich verfolge meine Träume. Und sie mich. Bis in die Alpen. Welch ein Urlaub. Die Alpen bis auf den Brenner.

„In Bayern stößt einem sogleich das Stift Waldsassen entgegen – köstliche Besitztümer der geistlichen Herren, die früher als andere Menschen klug waren.", *Italienische Reise, Johann Wolfgang von Goethe, 8. Auflage, München 1974*

KAPITEL DER WORTE UNTER MEINER HAUT

SELF LOVE CLUB. YOU'RE BEAUTIFUL. I'M STILL NOT DEAD. everyone is art; painted by life. BADASS WITH GOOD ASS. REVOLUTION. DON'T FOLLOW ME – I'M LOST TOO. Because we are friends. GUNS KILL KIDS. – BUT CAN THE KIDS KILL THE GUNS? But the sun will shine tomorrow. NO RAIN NO ROSES. feel your feelings. I WON'T LET MY INSECURITIES – DEFINE WHO I AM. ISN'T LIFE BEAUTIFUL? I THINK THAT LIFE IS BEAUTIFUL.

Dieses Kapitel werde ich wohl handschriftlich weiterführen müssen, hoffentlich reicht der Platz.

KAPITEL ISMUS

Konsum. Darum geht es doch. Ich konsumiere. Akkumulation.

> „Ich komm aus Karl-Marx-Stadt, bin ein Verlierer, Baby"
> *Karl-Marx-Stadt, Kraftklub, 2012*

Die Schere (bedauerlicherweise geht es hierbei nicht um eine sexuelle Stellung unter Lesben, aber laut einer bereits erwähnten Person ist dies sowieso nicht möglich) öffnet sich immer und immer mehr. Aber Gott hält das Paradies für euch frei, Proletariat. Freie Lohnarbeit. KEINE SKLAVEREI. Aber Abhängige, keine Junkies – das ist ein schmaler Grat. Seid Gott dankbar, Proletariat. Das Streben nach Gewinn. Das STERBEN nach dem Gewinn. Verlust. Wie schön es doch sein wird, tot, aber reich. Das hast du gut gemacht, Gott! Überschuss der Erträge, Überfluss der Särge. Baby, wir verlieren irdisch und gewinnen im Garten Eden (mein grüner Daumen wuchs mir plötzlich mit meinem Auszug aus dem Elternhaus, das muss ein Zeichen Gottes gewesen sein). Ich selbst bin mein stärkster Sieg, wie meine schwächste Niederlage. Lege dich nieder und siege. Ich konsumiere den Tod in kleinen Raten durch kleine Taten. Ich fühle mich dir nahe, Gott.

Dennoch bin ich nichts als irdisches Verlangen, Gelüste der Unmenschlichkeit. Jeder Mensch ist unmenschlich. Menschlichkeit an sich ist regelrecht in seiner Bedeutung ein fehlkonstruiertes Wort (ICH BIN GÖTTLICH), welches einen unerreichbaren (unerreichbarer als die Göttlichkeit) angeblichen (zumindest angeblich, ich will nicht angeben) Idealzustand einer Existenz beschreibt, dem der Mensch schlichtweg nicht gerecht werden kann. Ein Akt der Menschlichkeit ist demnach nur jedes erdenkliche Handeln jedes erdenklichen Menschens, frei von jeglicher Wertung; wie also erlauben wir es uns auch nur, Menschlichkeit mit einer affirmativen Konnotation zu versehen? Menschlichkeit ist kein Attribut, welches mit Göttlichkeit vergleichbar wäre.

> Meine Kunst ist nicht dekadent, aber das, was ich erreichen möchte; bloß nicht mit ihr, sondern als Mensch, nicht als Künstler. Meine Kunst ist non-kapitalistische Perversion.

Brechet den Herrn Bertolt, sprach Herr Ismus, Herr des Kapit(e/a)ls. Nun lasset Johanna sprechen! Warum hab ich mich wohl an die Fleischkönige gewandt? Na, das ist doch ganz einleuchtend: Sie schimpfen sich Könige, doch tragen sie keine Krone und behüten kein Volk. Sie glauben, ganz oben zu sein, doch hält Hochmut und fehlender Glaube sie vom Oben fern. Es ist nicht so, dass ich drohe und Angst säe und belanglose Exegese, um alles und jeden zu stürzen. Ich habe mich mit der Wahrheit Gottes an sie gewandt, um sie an den Boden zurückzuholen. Sie rufen nach Gott wie nied're Gestalten und verlangen ihm ab, sie zu sättigen. Ich aber sprach zu ihnen, damit sie eure Rufe und euer Verlangen hören. Und ich sprach zu ihnen, damit sie euren Hunger stillen. Versteht doch: Sie sind die Brücke zwischen unten und oben, doch sie hängen in den

Seilen und die Brücke droht zu reißen. Die Brücke, die eure letzte Rettung sein wird, so versteht doch, warum ich zu ihnen sprach und nicht zu euch. Es wird so sein, dass nun auch sie Arbeit vollbringen müssen – für euch. Sie müssen wachsen mit der Kraft der Moral, um unten und oben zu verbinden. Gott versteht nur die Sprache der Moral, ohne euch werden auch sie verhungern, drum müssen sie euch behüten und Gott wird die Krone tragen.

Angelehnt an: „Die heilige Johanna der Schlachthöfe", Bertolt Brecht, 1930

Oben
Es entstehe ein reicher Vers,
wie der reiche Macher, pervers.
Hoch in den Himmel,
durch das ärmliche Menschengewimmel.
Kleine Bourgeoisie
seine Dynastie.

Unten
Prosatexte jedoch häufen sich und nehmen
kein Ende,
überlappen und übertönen einander.
Hier unten auf der Erde
fällt selbst das Stehen schwer,
wenn die Armut am Ärmel zieht.
Großes Proletariat
erstickt selbst kleinste Träume und Hoffnungen.

Je reicher ich an Worten werde, desto höher wird mein Höhenflug, meine sichere Selbstüberzeugung, wohlmöglich auch -überschätzung. Ich bin (k)ein Genie der Worte. Das ist alles (Ein-)Bildung. Numinos, furchterregend und anziehend zugleich.

ERSTES KAPITEL

Die Erkrankung war der Auslöser für den Auslöser der Erkrankung.

KAPITEL DER BEICHTEN

Ich habe hier sicher die ein oder andere Grenzlinie überschritten. Es tut mir nicht leid.

Zuletzt. Damit sie nicht in Vergessenheit geraten. Gott, vergib mir. Vor allen Dingen: meinen Atheismus.

An dich (schlichtweg, weil du ein Mensch sein musst, um das lesen und begreifen zu können): Obwohl ich dich nicht kennen will, will ich alles über dich wissen, will über dir stehen, dich klarer sehen als du dich selbst. Das ist meine Macht, die mich dazu macht.

Ja, ich habe gelogen. Habe betrogen. In vielen Formen. Mit vielen Facetten (unbekannte Facetten umhüllt von bekannten Fassaden). Doch verrate nicht, wie oder wen (zumindest nicht in Verbindung), um meinen K-/Podex zu retten.

Ich selbst bin die Spielmacherin. Und ich ziehe meine Strippen; so gut, dass du denkst, DU hast mich dazu gebracht (zum Strippen). Doch wollt ich dich nur verführen, du wirst es dir ersehnen, glauben, mich zu steuern, mich aber am Ende nicht berühren. Ich spiel mein Spiel mit dir, doch am Ende bin ich fort, allein, und spiel nur an mir.

Gott sieht alles. Schau mir ruhig zu, aber komme … entschuldige, erscheine bloß nicht VOR mir.

NACHWORT

Der Erste meiner sieben letzten Sätze. Wer weiß, vielleicht werde auch ich auferstehen oder aber für immer ruhen. Doch ganz gleich, wie es auch kommen mag, ich stelle nie etwas fertig. Hier ist er:

VATER, VERGIB MIR, DENN ICH WEISS NICHT, WAS ICH T

DANKSAGUNG

Ich danke mir selbst, meinem Leben, welchem ich mich zu verdanken hab, und dir, dem ich mein Leben zu verdanken hab. Ich liebe dich. Und ich danke all den Sternen und dem größten – der Sonne –, die ganz ohne Fußnoten existieren und mir zeigen, wie man strahlt, auch ohne Anmerkung.